DIE SCHIFFSBRÜCKE

ALLEN KINDERN IN NOT GEWIDMET

Hildegard Nagler (Hrsg.)
mit einem Beitrag von Dr. Bernd Haunfelder, Münster/W.

DIE SCHIFFSBRÜCKE

Drei Länder erinnern an Kinder in Not

VERLAG ROBERT GESSLER

Grafische Gestaltung: Kathrin Schneider
Herstellung: Bodensee Medienzentrum, Tettnang
Bindearbeiten: Walter, Heitersheim

ISBN: 978-3-86136-113-8
Printed in Germany

INHALT

VORWORTE

Kinder in Not – ihr Schicksal berührt uns besonders. Ihre Not zu lindern, ist das Ziel, das sich der Verein „Schweizer Kinder" gesetzt hat.

Mit der Schiffsbrücke über den Bodensee hat der Verein ein Zeichen gesetzt: ein Zeichen der Dankbarkeit gegenüber vielen Menschen aus der Schweiz, die vor 60 Jahren Tausende von Kindern aus Südwestdeutschland und Österreich bei sich aufgenommen und damit menschliche Brücken in ihre kriegszerstörten Nachbarländer geschlagen haben. Zugleich ist die Schiffsbrücke, die in diesem Buch dokumentiert wird, auch ein Zeichen, das unsere Aufmerksamkeit auf jene Kinder richtet, die heute überall auf der Welt Not leiden und unsere Hilfe brauchen.

Ich wünsche diesem Buch die verdiente öffentliche Aufmerksamkeit, damit aus dem Verkaufserlös vielen Kindern geholfen werden kann und damit die Idee, die hinter der Schiffsbrücke über den Bodensee steht, zahlreiche Nachahmer findet.

Horst Köhler
Präsident der Bundesrepublik Deutschland

Noch qualmten die Ruinen, als nach 1945 Tausende von Kindern aus dem kriegsversehrten Europa zur Erholung in die Schweiz reisten. Viele dieser Kinder kamen aus Deutschland und Österreich. Manche blieben einige Monate, andere überquerten den Bodensee mit dem Schiff und verbrachten einen ganzen Tag in unserem Land. Drei Monate, zwei Wochen, ein Tag: eine kurze Zeitspanne in einem menschlichen Leben, jedoch ein wichtiges Erlebnis für ein Kind, das Anrecht auf eine friedliche und unversehrte Kindheit gehabt hätte. Heute noch leiden Kinder am meisten, dort wo Krieg und Not herrschen - und sie tragen doch am Elend keine Schuld.

Noch 60 Jahre danach erinnern sich die ehemaligen „Schweizer Kinder" an ihre Erlebnisse in der Schweiz. Es gibt Bücher und Erinnerungstafeln, es werden Reden gehalten und Veranstaltungen organisiert. Wir sind ein Wegstück gemeinsam gegangen. Die Dankbarkeit meinem Land gegenüber berührt mich, und ich bin dankbar für die freundnachbarlichen Beziehungen zwischen unseren Ländern.

Micheline Calmy-Rey
Bundespräsidentin der Schweizerischen Eidgenossenschaft

Es waren bewegende Taten, die Schweizer Bürgerinnen und Bürger in der entbehrungsreichen Zeit nach dem Zweiten Weltkrieg ihren Nachbarn gegenüber erbrachten, indem sie Tausenden Kindern aus dem zerstörten Europa Erholung, Zuwendung und materielle Hilfe boten. Darunter auch vielen Kindern aus Österreich.
So wurden in den Jahren 1946 und 1947 mehr als 6.000 bedürftige Kinder aus den zerstörten deutschen Gebieten mit dem Schiff über den Bodensee gebracht und von Schweizer Gastfamilien versorgt. Diese humanitäre Tat geschah, um zu helfen und gleichzeitig auch eine Geste im Geist der Versöhnung zu setzen.
Im Mai 2007 erinnerte eine Aktion mit 2.500 Schiffen und Booten aus den betroffenen Ländern in Form einer schwimmenden Brücke auf dem Bodensee an diese unvergessliche Hilfeleistung für die so genannten „Schweizer Kinder".
Diese „Friedensschifffahrt über den Bodensee" vom Mai 2007 verstand sich als ein Zeichen der dankbaren Erinnerung. Ich sehe es darüber hinaus auch als einen Auftrag für die Zukunft. Denn weiterhin wird es notwendig sein, für Kinder in Not über alle Grenzen hinweg Brücken der Solidarität zu bauen und Hilfe zu geben!

Dr. Heinz Fischer
Bundespräsident der Republik Österreich

DIE GESCHICHTE DER SCHIFFSBRÜCKE

„Eine Brücke für Kinder in Not" lautet das Motto des Vereins „Schweizer Kinder". Wir machten uns Gedanken, wie das Jubiläum „60 Jahre Schweizer Kinder" gebührend gefeiert werden konnte – in der Nachkriegszeit hatten die Eidgenossen Tausende von Mädchen und Jungen aus dem zerstörten Österreich und Deutschland, die so genannten „Schweizer Kinder", aufgenommen, um ihnen nach dem Kriegselend einige glückliche Stunden zu schenken.

Die Idee für die Schiffsbrücke zu Gunsten von Kindern in Not wurde auf der Autobahn geboren: Mit meiner Familie stand ich im Stau, vor uns Auto an Auto. Was, wenn zum 60-Jährigen Schiff an Schiff gereiht, eine symbolische, elf Kilometer lange Brücke über den Bodensee zwischen Friedrichshafen und Romanshorn gebaut würde? Wenn der Zeppelin NT die Brücke überflöge und auch das historische Flugboot Do 24 mit von der Partie wäre? Die Idee ließ mich nicht mehr los.

Doch war sie überhaupt umsetzbar? Ich besprach mich mit Reinhard E. Kloser, Sachverständiger für Schifffahrt und Wasserfahrzeuge. Der Seniorkapitän der „Hohentwiel", des letzten Schaufelraddampfers und ältesten Schiffs auf dem Bodensee, war sofort

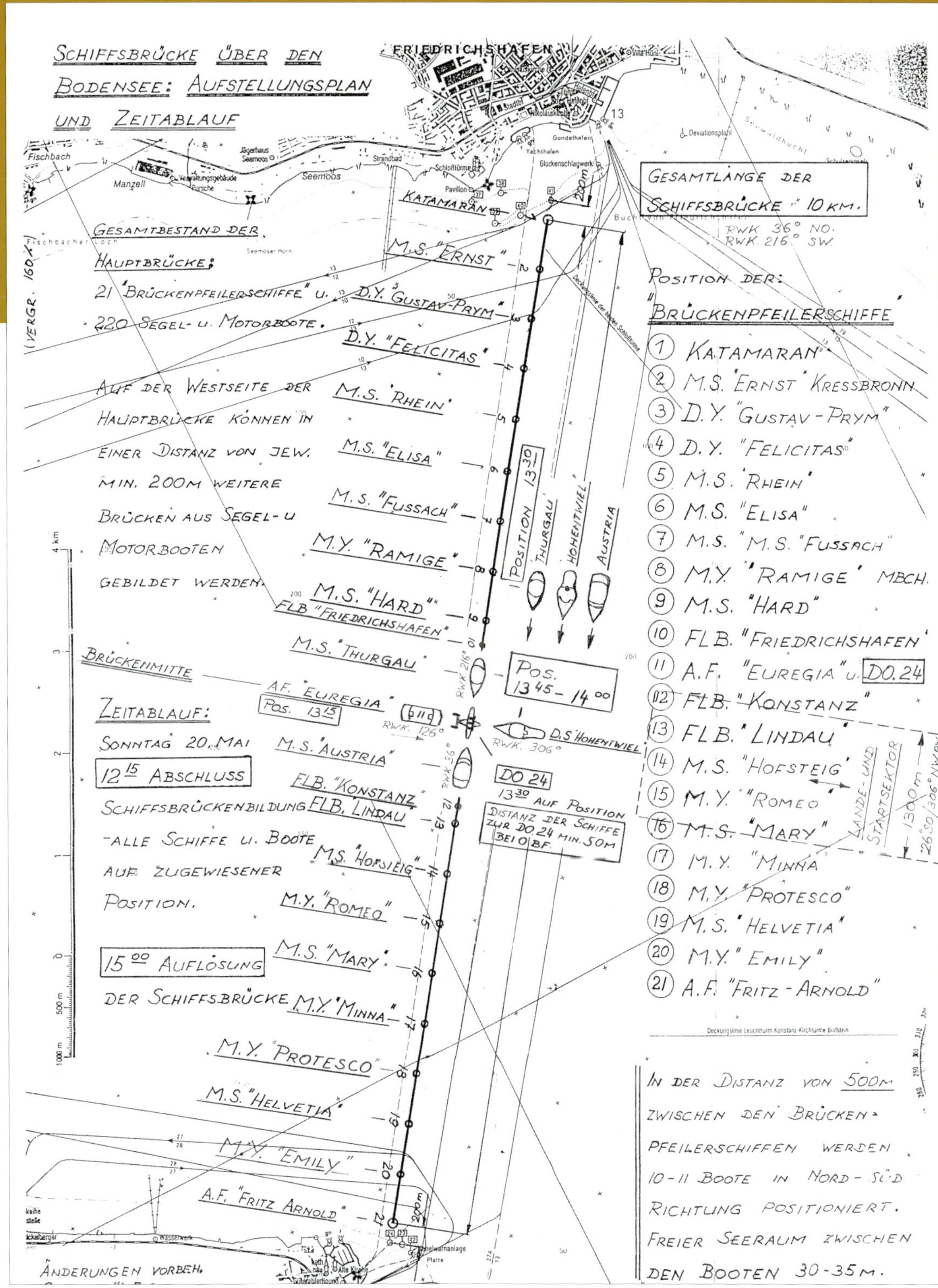

Meisterlich von Reinhard E. Kloser ausgearbeitet: der Aufstellungsplan der Schiffsbrücke über den Bodensee mit Zeitablauf.

Arbeitete Hand in Hand: das Organisationskomitee der Schiffsbrücke mit (von links) Max Brunner, Hildegard Nagler, Marion Berg, Heinz-Joachim Unglert, Ludwig Gebhard und Reinhard E. Kloser.

begeistert, wie auch Ludwig Gebhard, Leiter Verkehrs- und Schifffahrtsamt Landratsamt Bodenseekreis, sowie Heinz-Joachim Unglert, Erster Polizeihauptkommissar und Leiter der Wasserschutzpolizei-Station Friedrichshafen. Vereinsmitglieder waren es ebenfalls.

Am 24. Januar 2007 verschickten wir Einladungen zu einem ersten Treffen am 12. Februar 2007 an die Schifffahrtsgesellschaften auf dem Bodensee, den Internationalen Bodensee-Segler-Verband, die Deutsche Zeppelin-Reederei, verschiedene Behörden, den Oberbürgermeister der Stadt Friedrichshafen, Josef Büchelmeier, und den mittlerweile pensionierten Gemeindeammann von Romanshorn, Max Brunner. Auch der Internationale Bodensee-Motorboot-Verband wurde einbezogen. In einer weiteren Besprechung am 5. März 2007 wurde Sonntag, 20. Mai 2007, für den Bau der Schiffsbrücke festgelegt. Das Projekt sorgte nicht nur am Bodensee für riesige Wellen der Begeisterung – auch die Zahl der Medienanfragen aus dem In- und Ausland nahm ständig zu.

Reinhard E. Kloser, Ludwig Gebhard, Heinz-Joachim Unglert, Max Brunner (verantwortlich für den dortigen Festakt) und ich bildeten das Organisationskomitee, zu dem auch bald PR-Beraterin Marion Berg stieß. Den Aufstellungsplan zeichnete Reinhard E. Kloser: 21 Schiffe mit GPS und Radar bildeten unsere Brückenpfeiler, die Abstände dazwischen wurden mit Motor-, Segel- und vereinzelt auch mit Tret- und Ruderbooten aufgefüllt. Kloser war zudem unser Kontaktmann für Österreich. Heinz-Joachim Unglert und Ludwig Gebhard kümmerten sich nicht nur um die behördlichen Genehmigungen und Belange, sondern auch mit um die Organisation der Festakte. Marion Berg war unsere Fachfrau für Flugfragen und Ansprechpartnerin für die Schweiz. Ich selbst war Projektleiterin und verantwortlich für die Medienarbeit.

Klare Sache für Hannelore Penzel-Dahl, Henning Dahl, Kurt Pfund und Rita Kramper, alle Mitglieder im Verein „Schweizer Kinder", dass sie kräftig mitarbeiteten – wie auch für Christel Pfund.

Das Rahmenprogramm entstand in Zusammenarbeit mit Vertretern der Stadt Friedrichshafen, der Gemeinde Romanshorn und dem Verein „Schweizer Kinder".

Die Verbände rührten die Werbetrommel. Per E-Mail konnte man sich zur Schiffsbrücke anmelden. Als dann wenige Tage vor unserem Riesenprojekt klar war, dass wir am 20. Mai für den Bau der längsten Schiffsbrücke der Welt sehr gutes Wetter, ja sogar strahlenden Sonnenschein haben würden, haben wir alle aufgeatmet.

Die Resonanz an jenem Sonntag war überwältigend: Schon zum ökumenischen Gottesdienst und zum anschließenden Festakt in Friedrichshafen waren viele, viele Menschen gekommen. Am Bau der Brücke, die sogar mehrspurig war, beteiligten sich elf Schifffahrts- und Fluggesellschaften, zwischen 12.00 Uhr und 14.30 Uhr waren rund 2.500 Schiffe und Boote mit geschätzten 10.000 Leuten an Bord auf dem See. Festschiffe waren die „Thurgau", die schon nach dem Krieg die Kinder ins Märchenland über den See gefahren hatte, und der Schaufelraddampfer „Hohentwiel". Beide Schiffe fuhren die gesamte Schiffsbrücke ab. Spektakulär war die Wasserung der Do 24 von Iren Dornier, die zuvor mehrmals die Brücke überflogen hatte. Der Enkel des legendären Flugzeugpioniers Claude Dornier war mit seinem Flugboot das Herz des Schweizer Kreuzes, das von den vier Fahrgastschiffen „Austria", „Euregia", „Hohentwiel" und „Thurgau" gebildet wurde. Über dem Kreuz stand der Zeppelin NT. Eine Ju-52 und eine Do 27 haben – neben weiteren kleinen Fliegern

DIE SCHIFFSBRÜCKE

und Hubschraubern – die Szenerie überflogen und für große Begeisterung gesorgt. Ein Festakt in Romanshorn, bei dem Enkel von „Schweizer Kindern" den Gasteltern Sonnenblumen schenkten, beendete den offiziellen Teil.

Allein in Friedrichshafen, so die Polizei, standen bis zu 40.000 Menschen am Ufer, um das Spektakel zu sehen. Unfälle wurden keine gemeldet – weder zu Land, noch zu Wasser noch in der Luft.

Politikerinnen und Politiker, Teilnehmer und Nicht-Teilnehmer haben uns zu einem „einmaligen Erlebnis" beglückwünscht, von dem Friedrichshafen und die ganze Bodenseeregion noch lange zehren werde.

All dies war nur möglich, weil viele, viele Menschen bei der Aktion zu Gunsten von Kindern in Not mitgemacht und ihren Beitrag geleistet haben.

Dankeschön!

Hildegard Nagler

Projektleiterin der „Schiffsbrücke", Diplom-Journalistin und stellvertretende Vorsitzende Verein „Schweizer Kinder"

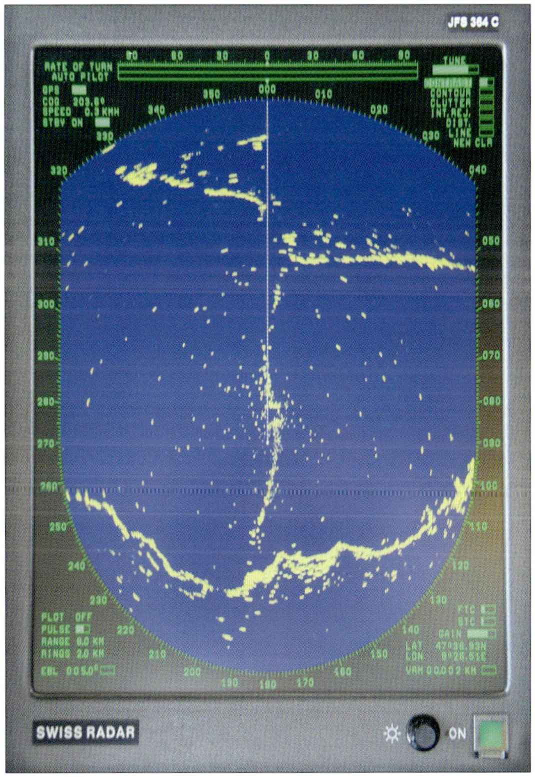

Der Traum ist Wirklichkeit geworden, wie das Radarbild beweist: Die Schiffsbrücke von Romanshorn nach Friedrichshafen steht (leicht geschwungene Linie von oben nach unten).

DIE SCHIFFSBRÜCKE

FESTAKT

FRIEDRICHSHAFEN

Die „Schweizer Brücke" in Friedrichshafen, schon nach dem Krieg Ausgangspunkt für die Fahrten der „Schweizer Kinder" in die Eidgenossenschaft, am Morgen des 20. Mai 2007.

Stolzes „Schweizer Kind“: Botschafter Andreas von Stechow, Deutsche Botschaft Bern, ist zum Fest der „Schweizer Kinder“ angereist.

Eingespielte Truppe: Die Vorarlberger Militärmusik unter Leitung von Major Gamper spielt bei der Einfahrt des Schaufelraddampfers „Hohentwiel“.

Ergreifendes Wiedersehen: das „Schweizer Kind" Kurt Pfund aus Biberach und sein Gastvater Ernst Bissegger (rechts) aus Amriswil.

Prominenz (von links): Arthur Löpfe, Nationalrat des Kantons Appenzell Innerrhoden (CH) I Max Brunner, Gemeindeammann von Romanshorn (CH) I Josef Büchelmeier, Oberbürgermeister von Friedrichshafen (D) I Norbert Zeller, baden-württembergischer Landtagsabgeordneter (D) I Tanja Gönner, baden-württembergische Umweltministerin (D) I Gernot Erler, Mitglied des Bundestags und Staatsminister im Auswärtigen Amt (D) I Hildegard Nagler , Projektleiterin der Schiffsbrücke und stellvertretende Vorsitzende des Vereins „Schweizer Kinder" (D) I Lothar Wölfle, Landrat des Bodenseekreises (D) I Botschafter Andreas von Stechow, Deutsche Botschaft Bern I Gebhard Halder, Vorarlberger Landtagspräsident (A) und Hugo Rogginer, Bürgermeister von Hard (A), stellen sich vor der Schiffsbrücke den vielen Fotografen.

Dicht gedrängt stehen Zuschauerinnen und Zuschauer auf der „Schweizer Brücke".

Strahlende Gesichter: Renate Bruggmann, Präsidentin des Grossen Rates Kanton Thurgau (CH) mit Dr. Ernst Öffner, Evangelisch-Lutherischer Regionalbischof Augsburg (D) ...

... Arthur Löpfe, Nationalrat des Kantons Appenzell Innerrhoden (CH), Max Brunner, Gemeindeammann von Romanshorn (CH), Josef Büchelmeier, Oberbürgermeister von Friedrichshafen (D), Norbert Zeller, baden-württembergischer Landtagsabgeordneter (D) ...

... sowie Georgette Brunner, Frau von Gemeindeammann Max Brunner, und dessen Nachfolger Norbert Senn (seit 1. Juni 2007 Gemeindeammann Romanshorn) (beide CH).

„Von deutschen und anderen Kindern, die als ‚Schweizer Kinder' bezeichnet werden, hatte ich noch nie etwas gehört. Ihre Geschichte, der gigantische Schiffsbrückeneinsatz über den Bodensee und das Ziel, heute wieder in Not geratenen Kindern zu helfen, haben mich tief beeindruckt."

Christoph Schumann, Moderator (D)

„Die Schweiz hat mit dieser einzigartigen humanitären Aktion gerade gegenüber Deutschland einen ersten Schritt unternommen, um nach schlimmen Jahren, in denen die Menschen in beiden Ländern ganz gegen ihre Geschichte und Tradition getrennt waren, den Weg wieder zueinander zu finden. Und seitdem hat es sich gezeigt: Deutschland und die Schweiz lassen sich nicht auseinander dividieren."

Gernot Erler, Mitglied des Bundestags und Staatsminister im Auswärtigen Amt (D)

„Die Herzenswärme vieler Eidgenossen hat deutschen und österreichischen Kindern nach den schrecklichen Kriegsjahren unvergesslich schöne Stunden in der Schweiz beschert. Auch heute sind wir froh über das Engagement vieler Menschen – sie ermöglichen es, dass wir die längste Schiffsbrücke der Welt bauen. Wir wollen damit an die Hilfe der Schweizer vor 60 Jahren erinnern und gleichzeitig darauf aufmerksam machen, dass heute weltweit unzählige Kinder in Not leben."

Hildegard Nagler, Projektleiterin der Schiffsbrücke und stellvertretende Vorsitzende des Vereins „Schweizer Kinder" (D)

„Ich, Renate Bruggmann, trage die Brücke mit meinem Namen. Dieser Name, Bruggmann, ist für mich eine Verpflichtung. Ich möchte Brücken bauen zwischen Parteien, Regionen und Ländern und vor allem zwischen den Menschen … Die heutige Schiffsbrücke zwischen Friedrichshafen und Romanshorn ist einmalig. Sie wird nach ein paar Stunden wieder aufgelöst. Aber als Symbol lebt sie weiter in unseren Köpfen und in unseren Herzen."

Renate Bruggmann, Präsidentin des Grossen Rates Kanton Thurgau (CH)

„Die Hilfe der Schweizer Gastfamilien für deutsche Kinder vor 60 Jahren war eine große Geste der Menschlichkeit. Wir brauchen auch heute die Solidarität der Menschen über Grenzen hinweg."

Josef Büchelmeier, Oberbürgermeister von Friedrichshafen (D)

„Mit einer noch nie da gewesenen Aktion und einer beispiellosen grenzüberschreitenden Zusammenarbeit wird heute die weltweit größte Schiffsbrücke geschlagen. Eine Brücke der Menschlichkeit. Für mich eine faszinierende Idee, die unter anderem auch das Gefühl der Zusammengehörigkeit in dieser unserer Bodenseeregion auf eindrucksvolle Weise bekräftigt."

Gebhard Halder, Landtagspräsident von Vorarlberg (A)

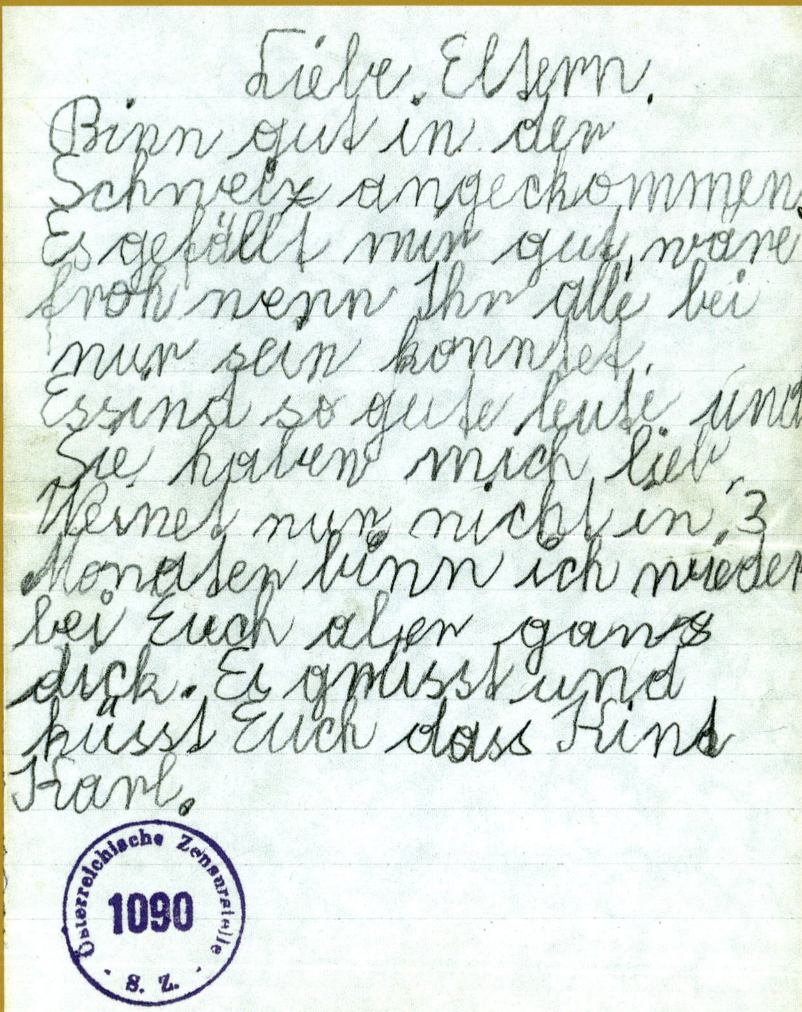
Liebe Eltern.
Binn gut in der
Schweiz angekommen.
Es gefällt mir gut, wäre
froh wenn Ihr alle bei
mir sein konntet.
Es sind so gute leute und
Sie haben mich lieb
Weinet nur nicht in 3
Monaten binn ich wieder
bei Euch aber ganz
dick. Es grüsst und
küsst Euch dass Kind
Karl.

Österreichische Zensurstelle
1090
S. Z.

Liebe Eltern,

bin gut in der Schweiz angekommen.
Es gefällt mir gut, wäre froh wenn
Ihr alle bei mir sein könntet.
Es sind so gute Leute und sie haben
mich lieb. Weinet nur nicht in
3 Monaten bin ich wieder bei Euch
aber ganz dick.
Es grüsst und küsst Euch das Kind Karl.

Der erste Brief, den Karl Redl im Alter von sechs Jahren aus der Eidgenossenschaft an seine Eltern geschrieben hat.

„Vor 60 Jahren, nach einem schrecklichen und menschenverachtenden Krieg, begann das zarte Pflänzchen der Menschlichkeit über Grenzen hinweg, über den Bodensee zu keimen. Es ist auch heute noch eine Herausforderung, Kindern einen guten Start ins Leben zu ermöglichen."

Generalmajor a.D. Karl Redl, österreichisches „Schweizer Kind", mit Hildegard Nagler

Ergriffen applaudieren die Menschen auf der „Schweizer Brücke", nachdem Karl Redl seinen Brief vorgelesen hat.

Aus Wien angereist ist Erich Sinor, Präsident des Clubs der „Schweizer Kinder" Wien …

… mit weiteren „Schweizer Kindern" aus Wien, Niederösterreich, dem Burgenland und Tirol.

Einen „Spitzenplatz“ hat dieser Mann eingenommen.

„Matrose“ Safija Jauß, hier mit ihrer Tante Irmgard Nagler, fiebert der Schiffsbrücke entgegen.

Die „Schweizer Kinder“ Hannelore Penzel-Dahl (rechts) und Anita Bühner reisen in die eigene Vergangenheit.

Gottes Segen für die Schiffsbrücke erbitten der Feldkircher Bischof Elmar Fischer (rechts, A) und Dr. Ernst Öffner, Evangelisch-Lutherischer Regionalbischof Augsburg (D).

Ein Prosit auf die Schiffsbrücke: Reinhard E. Kloser, Mitglied im Organisationskomitee der Schiffsbrücke (links), sowie Hubert Gorbach, früher österreichischer Verkehrsminister.

Die Flaggen werden gehisst: In wenigen Minuten werden die Schiffe und Boote mit dem Bau der Schiffsbrücke beginnen.

Die Bürgergarde Friedrichshafen steht Spalier …

… als der Schaufelraddampfer„Hohentwiel" den Hafen verlässt, um die Schiffsbrücke abzufahren.

DIE SCHIFFSBRÜCKE

BEGEGNUNGEN AUF DEM SEE

41

FN 55591

GUSTAV PRYM
Rundfahrten-Tel. 0650 2012744
Echtdampfnostalgie
Dampfyacht Anastasia V6958

3
TINA FN 21126

Li-1530

REGISWINDIS
DLRG
WASSERRETTUNG

FN34932
DLRG
VISION

EMILY
TG 45
BAD
HORN

NEUER
V 6616
V 7508
Bunny
Draco

THURGAU
T. Queren

THURGAU

www.dappschauferle.de
FN 57888

EVINRUDE

Lilibee

FN 30131

4
LI-1000

Weg über Parkplatz

MARY
16
Kieswerk
HONDA
TG 2602

KORMORAN
isf
E2
380

THURGAU

THURGAU

HOHENTWIEL

F
G 702
THW

AUSTRIA
AUSTRIA

Euregia
Euregia
VERITAS
FN 32193
SEALINE

POLIZEI

50 Jahre Schweizer Kinder
THURGAU
TG 6335
WFr1016

SELINE
PRINCESS 360

V 4174

TIMEPIECES
2403

DORNIER
unicef

RP-C2403
DORNIER
AUSTRIA
AUSTRIA

RP-C2403

DORNIER

DORNIER

DLRG

1885

MAINAU
2007

DZR

THURGAU

BSB

DIE SCHIFFSBRÜCKE

FESTAKT

ROMANSHORN

Die 90-jährige Frieda Klee aus Schachen (Appenzell Ausserrhoden) hat nach dem Krieg „Schweizer Kinder" aufgenommen. Jetzt danken ihr dafür Enkel von „Schweizer Kindern" mit Sonnenblumen.

Festlich geschmückt: Die „Thurgau", die schon nach dem Krieg viele Kinder ins Märchenland Schweiz gebracht hat, fährt in den Romanshorner Hafen ein.

Peter Kummer (links), Stadtammann von Amriswil, und Max Brunner, Gemeindeammann von Romanshorn, sind soeben in Romanshorn angekommen und freuen sich auf den Festakt.

Enkel der „Schweizer Kinder“, die mit an Bord der „Thurgau“ sind, freuen sich auf ihren großen Auftritt.

Sonnenblumen über Sonnenblumen: Sebastian von Altrock, hier mit seiner Mutter Ulrike, Tochter eines „Schweizer Kindes" .

Andere Enkel von „Schweizer Kindern" übergeben ihre Blüten der Schweizer Gastmutter Maria (Melia) Bommeli (rechts).

Weitere Enkel von „Schweizer Kindern" mit Sonnenblumen warten beim Fest in Romanshorn gespannt auf „ihre" Gasteltern.

Oft fotografiert und gefilmt: Die Schweizer Gastmutter Frieda Klee, umgeben von Sonnenblumen-Kindern, ist gerührt.

„Die besondere Bedeutung des heutigen Tages liegt darin, dass es der Schweizer Bevölkerung in den ersten Jahren nach dem Krieg gelungen ist, über den eigenen Schatten zu springen und den Kindern aus Deutschland und Österreich solidarisch und nach dem Gebot der Nächstenliebe zu helfen."

Max Brunner, Gemeindeammann von Romanshorn

Die Gäste – hier Organisationskomitee-Mitglied Ludwig Gebhard, – überbringen Geschenke.

Ein herzliches Dankeschön von Max Brunner, Gemeindeammann von Romanshorn (links) ...

... ein herzliches Dankeschön von den Enkeln der „Schweizer Kinder" ...

... ein herzliches Dankeschön von den deutschen und österreichischen „Schweizer Kindern" ...

„Die Schweiz hat eine lange Tradition der Gastfreundschaft, als Ort der Zuflucht in schwierigen Zeiten ... Ich stehe heute gerne hier, um den Schweizern und der Familie meiner Gasteltern, die ich leider nicht mehr finden konnte, ein von Herzen kommendes Dankeschön zuzurufen."

... und ein herzliches Dankeschön von Botschafter Andreas von Stechow, Deutsche Botschaft Bern.

Gerührt: Die Freude über die Sonnenblumen ist den Schweizer Gastmüttern während des gesamten Festaktes ins Gesicht geschrieben.

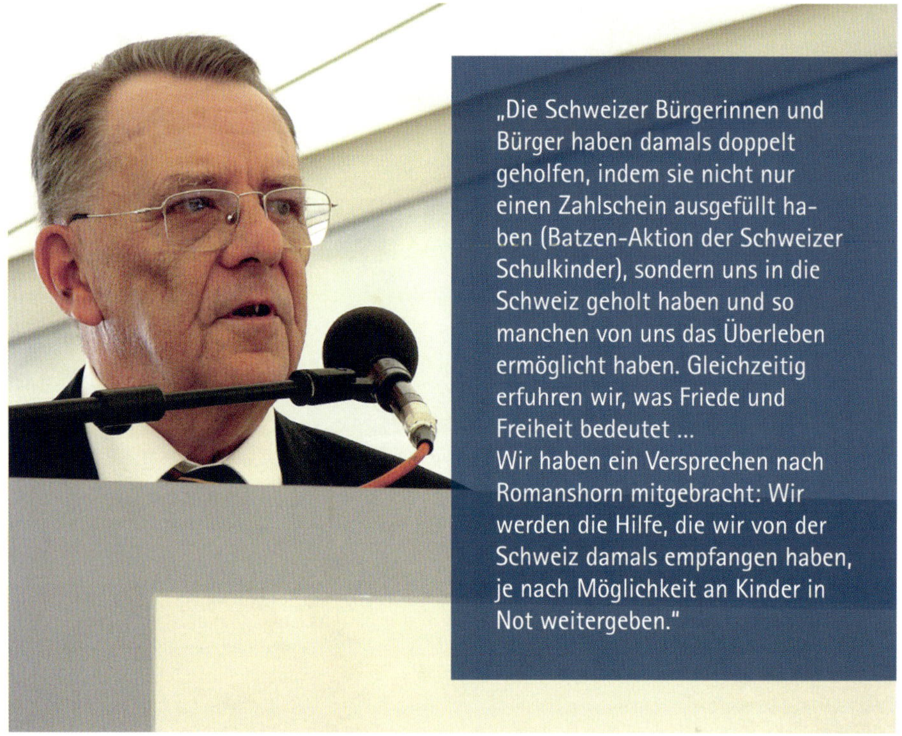

„Die Schweizer Bürgerinnen und Bürger haben damals doppelt geholfen, indem sie nicht nur einen Zahlschein ausgefüllt haben (Batzen-Aktion der Schweizer Schulkinder), sondern uns in die Schweiz geholt haben und so manchen von uns das Überleben ermöglicht haben. Gleichzeitig erfuhren wir, was Friede und Freiheit bedeutet ...
Wir haben ein Versprechen nach Romanshorn mitgebracht: Wir werden die Hilfe, die wir von der Schweiz damals empfangen haben, je nach Möglichkeit an Kinder in Not weitergeben."

Geprägt: Erich Sinor, Präsident des Clubs der „Schweizer Kinder" Wien, gibt ein Versprechen ab.

Ergriffen: Beim Thurgauer Lied stehen die Schweizer und ihre Gäste auf. Rechts Gernot Erler, Mitglied des Bundestags und Staatsminister im Auswärtigen Amt (D).

Bei den Fotografen beliebt: Christel und Kurt Pfund, „Schweizer Kinder" aus Biberach, vor der Friedenslinde, dem Gastgeschenk der Deutschen an die Schweizer.

Am Drücker: Auch die österreichischen „Schweizerkinder", die extra zum Fest nach Friedrichshafen gekommen sind, werden oft fotografiert.

Ein wunderschönes Fest, das lange nachwirken wird, geht zu Ende: Renate Bruggmann, Präsidentin des Grossen Rates Kanton Thurgau, und ihr Mann Guido Bruggmann winken den Gästen aus Deutschland und Österreich zum Abschied.

KINDERKUNST

Mädchen & Jungen bauen „ihre" Schiffsbrücke

Nicht nur Tausende von Erwachsenen, sondern auch viele Kinder haben sich für die Schiffsbrücke, die am 20. Mai zwischen Friedrichshafen und Romanshorn zu Gunsten von Kindern in Not gebaut wurde, engagiert: Die Mädchen und Jungen, die nicht auf dem See dabei sein konnten, haben in Friedrichshafen auf dem Buchhornplatz am 20. Mai „ihre" Schiffsbrücke auf Keilrahmen „gebaut" und so für immer festgehalten. Insgesamt waren es etwa 60 Werke. Die jüngste Künstlerin war ein Jahr, die älteste zwölf Jahre alt. Die Idee zu den Keilrahmen-Arbeiten hatte Silke Storch-Schöbinger von den „Spassmachern" in Langenargen. Alle Werke der kleinen Künstler hatte Storch-Schöbinger zu einer großen Collage zusammengestellt, die einige Wochen lang im Erdgeschoss des Medienhauses am See in Friedrichshafen ausgestellt war. Eine ältere Frau berichtete, sie sei jeden Tag ins Medienhaus gekommen, um ein Kinderbild auf sich wirken zu lassen. Familien blieben stehen und bestaunten die großen Kunstwerke der Kleinen. „Die Resonanz war sehr positiv", sagt Astrid Weisner, im Medienhaus am See für den Jugendbereich zuständig. „Unsere Besucher waren nur begeistert."

Kleine Künstler ganz groß: Im Medienhaus am See in Friedrichshafen werden ihre Arbeiten zur Schiffsbrücke ausgestellt.

STIMMEN ZUR SCHIFFSBRÜCKE

Das enorme Echo, das die Aktion Schiffsbrücke fand, zeigt die Wertschätzung und Dankbarkeit, die unserem Nachbarn Schweiz zu Recht zukommt. Mit der Aktion „Schweizer Kinder", die hilfsbereite Schweizer Mitbürgerinnen und Mitbürger nach dem Ende des Zweiten Weltkrieges mit ihrer Unterstützung für unterernährte und hungernde Kinder aus dem zerstörten Deutschland und Österreich starteten, hat die Schweiz einmal mehr ihre große Tradition als Aufnahmeland für Menschen in Not unterstrichen. Ich selbst wurde als „Schweizer Kind" 1948/49 herzlich aufgenommen und bin meinen Gasteltern im Kanton Bern dafür von Herzen dankbar. Die rege und zahlreiche Beteiligung der Bevölkerung aus den drei Nachbarländern Deutschland, Österreich und Schweiz an der Aktion zeigt, dass Dankbarkeit und Hilfsbereitschaft auch heute im Mittelpunkt der Herzen der Menschen stehen.

Botschafter Andreas von Stechow, Deutsche Botschaft Bern

Ich möchte mich gerne bei Ihnen für die tolle Idee „Schiffsbrücke" bedanken. Es war ein einmaliges Erlebnis, von dem Friedrichshafen und die ganze Bodenseeregion noch lange zehren werden.

Norbert Zeller, baden-württ. Landtagsabgeord., Friedrichshafen

Ihre Idee einer Schiffsbrücke über den See mit Zeppelin und Do 24 finde ich fantastisch. Ich wäre gerne dabei gewesen!

Robert Schütz, Tübingen

Sie haben Großes geleistet zusammen mit Ihren Mitstreitern...! Deshalb möchte ich Ihnen noch einmal sehr herzlich gratulieren und danken. Danken insbesondere, dass Sie die Kirchen einbezogen haben, dass Ihnen Gebet und Segen wichtig waren ... Das ganze Fest hat meiner Frau und mir ausgesprochen gut gefallen: ein heiteres, menschlich überaus warmes Begegnungsfest, wo wirklich die Menschen im Mittelpunkt standen... Und natürlich war ein ganzes Füllhorn an tollen Events zu genießen: Schifffahrt die Schiffsbrücke entlang (Weltrekord, in ARD vermeldet!), Schiffskreuz, Flugboot, Ju-52, Zeppelin... Und das Wetter machte toll mit! Danke, dass wir dabei sein durften!

Dr. Ernst Öffner, Evangelisch-Lutherischer Regionalbischof Augsb.

Liebe Nachbarn! Danke vielmals! Da soll noch jemand sagen „Die Deutschen sind arrogant...!!" Danke für diese noble Geste! Danke fürs Nicht-Vergessen!

Hannes Dohrenbusch, Zürich

Die Schiffsbrücke 2007 war ein großartiges Projekt für einen guten Zweck. Die dahinter stehende organisatorische Verantwortung ist meisterlich gelöst worden. Dem Koordinator Reinhard Kloser, seinem tatkräftigen Team und den vielen Bootsbesitzern, die dem Aufruf gefolgt sind, ein herzliches Dankeschön!

Manfred Rein, Vorarlberger Landesrat

Der 20. Mai war ein einmaliges Erlebnis. Als gelungener Brückenschlag zwischen Ländern und Familien wird der Tag in die Geschichte eingehen.

Gerhard Zimmermann, Biberach

Es war ein wunderschöner Sonntag gestern, alles hat zusammenharmoniert. Ihre Herzlichkeit hat die Türen geöffnet und viele Menschen gewonnen. Dafür möchte ich Ihnen herzlich danken. Der Tag wird unvergesslich bleiben, wie schon die Reise der „Schweizer Kinder" vor 60 Jahren.

Max Tobler, Romanshorn

Es war ein Ereignis, das ich in meinem Leben niiiie vergessen werde, und meine Kinder sind stolz, dabei gewesen zu sein.

Gabriele Gerlach-Withalm, Überlingen

WEITERE STIMMEN

Vielen Dank für die gelungene Aktion! Es war sehr beeindruckend, und Petrus hat ja auch ein tolles Einsehen damit gehabt. Sie dürfen sehr (!) zufrieden mit Ihrer gut organisierten „Brücke" sein!!

Matthias Schönfelder, Wangen

Ganz herzliche Gratulation zu Ihrer Meisterleistung von gestern. Ich bin tief beeindruckt, was Sie da - natürlich mit anderen Organisationstalenten zusammen - zustande gebracht haben. Es war ein wunderschöner Tag, eine perfekte Organisation und eine einmalige Idee, die die Menschen über die Grenzen hinweg einander noch näher brachte. Die interessanten Begegnungen, die Kontakte zwischen den Menschen jeden Alters im Dreiländereck werden allen Beteiligten in nachhaltiger Erinnerung bleiben und auch in die Zukunft wirken. Vielen Dank!

Renate Bruggmann, Präsidentin Grosser Rat Kanton Thurgau

Herzlichen Glückwunsch zu der absolut hervorragenden Veranstaltung. Ich habe die längste Schiffsbrücke der Welt auf der AF Euregia miterlebt und bin total begeistert. Ein einmaliges Erlebnis - echt SUPER !!!

Wolfgang Scherer, Kressbronn

War einfach atemberaubend.

Dominique R. Lambert, Redaktionsleiter Bodensee Nachrichten, Rorschach

Die Schiffsbrücke vom 20. Mai 2007 alleine hätte die Reise nach Friedrichshafen lohnend gemacht: Großartig war die Fahrt mit dem dampfmaschinengetriebenen historischen Raddampfer „Hohentwiel" an 2.000 in einer 11 km langen Linie stehenden Booten vorbei nach Romanshorn, und alles bei strahlender Maisonne! Für mich verbindet sich dieser „Event" aber mit einem dankbaren Blick in die Vergangenheit und einem hoffnungsvollen in die Zukunft. Direkt nach dem 2. Weltkrieg, der neben fast ganz Europa vor allem das Vertrauen in die Menschlichkeit zerstörte, gab es in der Schweiz Tausende von Menschen, die dieser Erfahrung trotzten. Die an die unschuldigsten Opfer der Kriegsbarbarei – die Kinder – dachten und ihnen Tage, Wochen, ja Monate menschlicher Geborgenheit und damit wieder einen Glauben an eine bessere Zukunft schenkten. Dass so viele der einst über 180.000 „Schweizer Kinder", darunter ja auch mehr als 40.000 aus Deutschland, noch 60 Jahre danach Dankbarkeit spüren und diese in lebendigsten Erinnerungen zum Ausdruck bringen, das beweist, wie tief sich diese Menschlichkeit in die Herzen eingegraben hat, wie unvergesslich dieser Einsatz als Signal des Humanen in einer Epoche der Menschenverachtung geworden ist. Der Ehrentag der „Schweizer Kinder" (der eigentlich eine Art Erntedankfest und Wiedersehensfeier für und mit den „Schweizer Eltern" war) galt aber nicht nur der Vergangenheit. Mit dem belegten Beweis, was trotz allem möglich war, stellen sich aktuelle drängende Fragen: Gibt es nicht auch heute viele Kinder in Not? Was ist mit den unschuldigen Opfern der Konflikte, egal ob in Afghanistan, im Irak oder im Nahen Osten? Wer mobilisiert heute die Großmut, an die sich in 60 Jahren reif gewordene Opferkinder dann voller Dankbarkeit erinnern werden? So schwangen in der Heiterkeit des Bodensee-Tages immer Fragen mit, die bei dem Dank an die Gasteltern von 1947 ihren Ausgang nahmen, uns aber weiter begleiten werden.

Gernot Erler, Mitglied des Bundestags und Staatsminister im Auswärtigen Amt

Auch möchte ich Frau Hildegard Nagler ganz herzlich danken ... für ihre wunderbare Idee, mit den vier großen Passagierschiffen ein Schweizerkreuz in der Seemitte zu bilden. Sie trägt damit eine Friedensbotschaft in die Welt.

Beatrice von Hornung, Basel

MEDIEN

2.500 Boote und Schiffe aus allen drei Anrainerstaaten, so schätzte die Wasserschutzpolizei, waren am Brückenschlag über den Bodensee beteiligt. Die Aktion, die an die schweizerische Kinderhilfe vor 60 Jahren erinnern sollte und an die der heutige Verein „Schweizer Kinder" anknüpfen will, war damit ein spektakulärer Erfolg.

Hans-Dieter Möhlhenrich, ibn

Schon bald ist klar: Experiment geglückt. Die Weiße Flotte und Ruderachter, stattliche Yachten und kleine Jollen, Kiesschiffe und Schlauchboote – alle sind dabei. Über 2.000 Boote zählt die Wasserschutzpolizei später. Der Flottenaufmarschplan von Reinhard Kloser, Seniorkapitän der „Hohentwiel", ist aufgegangen.

Martin Hennings, Schwäbische Zeitung

Von Minute zu Minute wird die Brücke dichter. Ob mit Pedalen, Paddeln, Rudern, Segeln oder Motoren vorangetrieben, von Aufblasbaren über Sportboote bis zu komfortablen Yachten – die Vielfalt der Boote kennt keine Grenzen ... Wir alle sind um ein unvergessliches Erlebnis reicher ... In der Schiffsbrücke war das Wir-Gefühl förmlich greifbar.

Gernot Apfelstedt, Boote

Mit einer gigantischen „schwimmenden Brücke" über den Bodensee haben Deutsche, Österreicher und Schweizer an die Hilfe der Eidgenossen für Nachkriegskinder vor 60 Jahren erinnert. Für den Brückenschlag reihten sich gestern zwischen Friedrichshafen und dem Schweizer Romanshorn auf elf Kilometern Länge rund 2.000 Wasserfahrzeuge aller Art auf – vom Passagierdampfer bis zum Tretboot. Nie waren sich Schweizer und Deutsche näher: 40.000 Menschen an beiden Ufern des Bodensees sowie die Schiffe und Boote verbanden Romanshorn und Friedrichshafen. Damit wurde an die große Geste Schweizer Bürger erinnert, die nach dem Zweiten Weltkrieg verhärmte Kriegskinder aus Oberschwaben, dem Allgäu und Vorarlberg aufgenommen, sie ausstaffiert und ihnen einen „Tag im Schlaraffenland" geboten haben.

Siegfried Großkopf, Badische Zeitung

Um 13.48 Uhr ertönen Hunderte Schiffs-Sirenen – wie ein Salut an all jene, die dieses Spektakel erst möglich gemacht haben. Dann setzen sich die Ausflugsdampfer in Richtung Romanshorn in Bewegung, wo sich wenig später „Schweizer Kinder" mit ihren damaligen Gastgebern in den Armen liegen.

Katy Cuko, Südkurier

Etwa 2.500 Schiffe formierten sich am Sonntag zur Schiffsbrücke, aus Sicht der Wasserschutzpolizei war es „die größte Ansammlung von Wasserfahrzeugen in einer Formation", die es auf dem Bodensee bisher gegeben hat. 10.000 Menschen beteiligten sich an der Aktion. In der Seemitte bildete sich ein überdimensionales Schweizer Kreuz aus den vier Schiffen Hohentwiel, Thurgau, Austria und Euregia. Iren Dornier, Enkel Claude Dorniers, landete mit dem Flugboot „Do 24" auf dem See und bildete die Mitte des Kreuzes.

Rüdiger Soldt, Frankfurter Allgemeine Zeitung

Schon das Geschehen allein wäre ein beispielloses Spektakel gewesen. 2.500 Boote und Yachten reihten sich gestern zwischen Friedrichshafen und dem schweizerischen Romanshorn auf dem Wasser aneinander. 21 Ausflugsschiffe und Fähren markierten für sie die Linie zwischen den Uferstädten. Der Chef der Wasserschutzpolizei, Heinz-Joachim Unglert, konnte sich nicht erinnern, je so viele Schiffe bei einem gemeinsamen Manöver gesehen zu haben. Bis zu 40.000 Menschen schauten vom Ufer zu. Doch die elf Kilometer lange schwimmende Brücke war auch eine Brücke der Erinnerung.

Frank van Bebber, Stuttgarter Zeitung

Kinder überqueren die Grenze nach Kreuzlingen,
wo sie verpflegt werden sollen.

DAS WUNDER EINER REISE

von Hildegard Nagler, Wasserburg/B.

Kinderschiffe in eine bessere Welt

„Man muss die Ankunft eines Schiffes im Rorschacher Hafen miterlebt haben, man muss die stillen Geschöpfchen mit den bleichen Gesichtern und den dürftigen Kleidern und Schuhen gesehen haben, um zu ahnen, welche Wohltat ein kleiner Liebensdienst sein kann."

Chronik des Rorschacher Neujahrsblattes 1948

Sie waren sich nah und einander doch immer fremder geworden: Der Krieg hatte eine riesige Kluft zwischen Deutschen und Schweizern entstehen lassen. „Und die Schweiz, das Stachelschwein, nehmen wir beim Rückzug ein" – dieser Satz kam manchem Eidgenossen in den Sinn, wenn er an die deutschen Nachbarn dachte. „Unmittelbar nach dem Kriegsende jedenfalls hatten jene, die ohne Wenn und Aber für humanitäre Gesinnung auch gegenüber den Deutschen eintraten, keinen leichten Stand", sagt der Rorschacher Historiker Dr. Louis Specker.

Und trotzdem: Die Not der Nachbarn, besonders der Kinder, ließ die Eidgenossen nicht kalt. So waren es denn auch zunächst österreichische, genauer Vorarlberger Mädchen und Jungen, die nach dem Krieg in die Schweiz fahren durften – von 1938 bis 1945 war Österreich Teil Deutschlands gewesen. Die Vorarlberger Kinder wurden von den „Freisinnigen" Rorschach, einer politischen Partei, für einen Sonntag in die Eidgenossenschaft zum Mittagessen eingeladen. Die Organisatoren hatten geschafft, womit nicht viele gerechnet hatten: Für alle Kinder waren Gastfamilien gefunden worden.

Durch dieses Engagement ermutigt, traten evangelische Pfarrer, die das zerstörte Friedrichshafen gesehen hatte, auf ihre Kanzeln, forderten ihre Gläubigen auf, Kinder aus Deutschland als „Zeichen gelebter Nächstenliebe" aufzunehmen.

Manchen habe er „eindringlich ins Gewissen reden müssen", erinnert sich Andreas Gantenbein, der letzte noch lebende Geistliche, der nach dem Krieg Pfarrer in Arbon war und die Mädchen und Jungen damals mit dem Schiff abgeholt hatte.

Die „Schweizer Kinder" gehen an Bord der „Thurgau".

Blick aufs zerstörte Friedrichshafen, hier die Karlstraße.

Zum Aufräumen der Trümmer werden in Friedrichshafen Loren eingesetzt.

Appelle zeigen Wirkung

Die Predigten zeigten Wirkung, die Appelle Pfarrer Gantenbeins und seiner Kollegen fielen auf fruchtbaren Boden: Am 19. Oktober 1946 duften die ersten Kinder aus Friedrichshafen mit dem Schiff über den Bodensee ins Märchenland fahren – sehr oft war dabei die „Thurgau", die noch heute im Dienst ist, im Einsatz. Vertreter der Kirchengemeinden hatten die Kinder ausgewählt: Bei der ersten Fahrt durften beispielsweise 63 Mädchen und Jungen aus der Friedrichshafener Pfarrei Canisius mit. Sie kamen überwiegend aus Familien, die mehrere Kinder hatten oder bei denen die Väter vermisst oder gefallen waren. Alle Mädchen und Jungen waren auf Anweisung der Stadt ermahnt worden, kein Geld und keine Taschen mitzunehmen. Zudem sollten sie sich anständig gekleidet, mit Schuhen und Strümpfen, auf den Weg machen.

„In der Schule wurden wir eines Tages ganz überraschend auf die Waage gestellt", erinnert sich der Ravensburger Otto Bausch. „Warum, hat sich erst später herausgestellt: Alle Kinder, die weniger als 25 Kilogramm wogen, durften mit aufs Erholungsschiff."

Helga Findling, ebenfalls aus Ravensburg, weiß noch, dass sie mit anderen Kindern vor dem Rathaus in Ravensburg auf Lastwagen mit Holzvergaser gepackt wurde. „Der Holzvergaser roch wunderbar, wie Rauchfleisch."

Am Hafen in Friedrichshafen warteten die Kinder in Schlangen, bis sie an Bord der Schiffe durften. Die kamen für die Kleinen aus einer anderen Welt, waren sie doch weiß gestrichen und nicht mit Tarnfarben wie die deutschen.

Das „Wunder einer Reise" hatte der französische General Albert Merglen, nach dem Krieg Kreisgouverneur in Tettnang, überhaupt erst möglich gemacht: Der gebürtige Elsässer hatte den Friedrichshafener Kindern die Ausreise aus der französischen Besatzungszone und damit die Überfahrt sowie drei weitere Fahrten in die Schweiz erlaubt. Er sollte später als zu deutschfreundlich nach Indochina strafversetzt werden.

Mit Geschenken bepackt verlassen Mädchen aus Ravensburg das Schiff: Irmgard Rothenhäusler (heute Härdtner, ganz links) und Irmgard Reich (heute Kretzer, zweite von rechts).

Manche können ihre Pakete kaum schleppen, als sie in Friedrichshafen von Bord gehen. Im Hintergrund der zerstörte Salzstadel.

Die „Thurgau" mit den Kindern auf großer Fahrt.

Auch Mädchen und Jungen aus Biberach, Isny, Bad Waldsee, Lindau, Wangen, Tettnang, Eriskirch, Langenargen, Ravensburg, Kressbronn, Leutkirch, Weingarten und Riedlingen kamen später in den Genuss der Fahrten nach St. Margrethen, Heerbrugg, St. Gallen, Gossau, Flawil, Rorschach (alle Kanton St. Gallen), Heiden (Kanton Appenzell Ausserrhoden), Arbon, Egnach, Romanshorn, Amriswil, Kesswil, Güttingen, Kreuzlingen, Weinfelden, Wil und Frauenfeld (alle Kanton Thurgau). Die Biberacher Mädchen und Jungen zum Beispiel wurden auf alten Lastwagen an den See gekarrt – als Schutz gegen Wind und Wetter hatten sie lediglich eine Plane über ihren Köpfen, die sie festhalten mussten.

Schon Tage, manchmal sogar Wochen vor der großen Reise, überlegten die Kinder, wie es in der Schweiz sein, was sie dort erwarten würde, hatten doch viele noch nie Deutschland verlassen. Vor allem den Mädchen und Jungen aus Friedrichshafen und Langenargen war in Erinnerung, dass die Dörfer und Städte jenseits des Sees nachts hell erleuchtet waren. In Deutschland dagegen waren sie verdunkelt – Licht hätte feindliche Luftangriffe erleichtert. „Als wir in der Schweiz ankamen, musste ich feststellen, dass sie dort auch in Häusern wohnten wie wir in Deutschland", sagt Dorothee Waldbaur aus Wangen und schmunzelt. Ihr Vater, Pfarrer Erich Waldbaur, hatte für die Kinder aus Langenargen die Reise organisiert.

Buben auf der „Thurgau“ winken zum Abschied, bevor es Richtung Schweiz geht.

Zur Begrüßung gibt’s an Bord weiße Brötchen und einen Schokoriegel.

Sogar an Hosengummi gedacht

Für viele Kinder begann der Tag in der Schweiz mit einem Gottesdienst. Danach wurden sie an ihre Gastfamilien übergeben. Zeitzeugen erinnern sich daran, dass die Mädchen und Jungen nicht von Anfang an Nummernschilder um den Hals hatten – diese wurden erst später eingeführt. Die Organisation wurde so offenbar deutlich erleichtert, denn den Schweizer Familien war die Nummer ihres Kindes zuvor mitgeteilt worden.

Die allermeisten Mädchen und Buben schwärmen noch heute vom guten Essen und vom Dessert, das sie von Deutschland her in der Regel nicht kannten. „Manches von dem, was die Kinder verzehrt hatten, landete auf der Rückfahrt im Bodensee“, erinnert sich Pfarrer Andreas Gantenbein. „Die Kinder standen an der Reling, mussten sich übergeben, weil sie reichhaltiges Essen nicht mehr gewohnt waren.“

Am Abend kamen die allermeisten deutschen Mädchen und Jungen reich beschenkt zurück. Viele Geschäfte hatten am Sonntag geöffnet, damit die Gasteltern für ihre Gastkinder einkaufen konnten. Oft lösten die Schweizer sogar ihre eigenen Lebensmittelmarken ein. In den Paketen, welche die Gasteltern liebevoll gepackt hatten, waren Bananen oder Orangen – viele Kinder hatten Südfrüchte zuvor noch nie gesehen, geschweige denn probiert. Auch Zucker, Margarine, Zigaretten für die Väter, und natürlich Schokolade fanden sich in den Paketen. Sogar an Wurmmittel, Faden und beispielsweise Hosengummi hatten manche fürsorglichen Eidgenossen gedacht.

Der Zollinspektor sah, dass viele Kinder neue Kleider geschenkt bekommen hatten, die sie nicht hätten ausführen dürfen. „Und was sagen Sie zu dem, was Sie auf Deck sehen“, wurde Pfarrer Gantenbein gefragt. „Herr Inspektor, können wir uns vielleicht dahin einigen: fast neue Kleider, fast neue Schuhe“, antwortete er. Seine Bitte wurde erhört, der Zollinspektor ließ Gnade vor Recht walten.

Einige Schweizer Kinder verdanken ihr eigenes Überleben oder das ihrer Lieben eigenen Worten zufolge ihren Gasteltern: Sie haben ihnen lebensnotwendige Medikamente besorgt.

Maria Bart

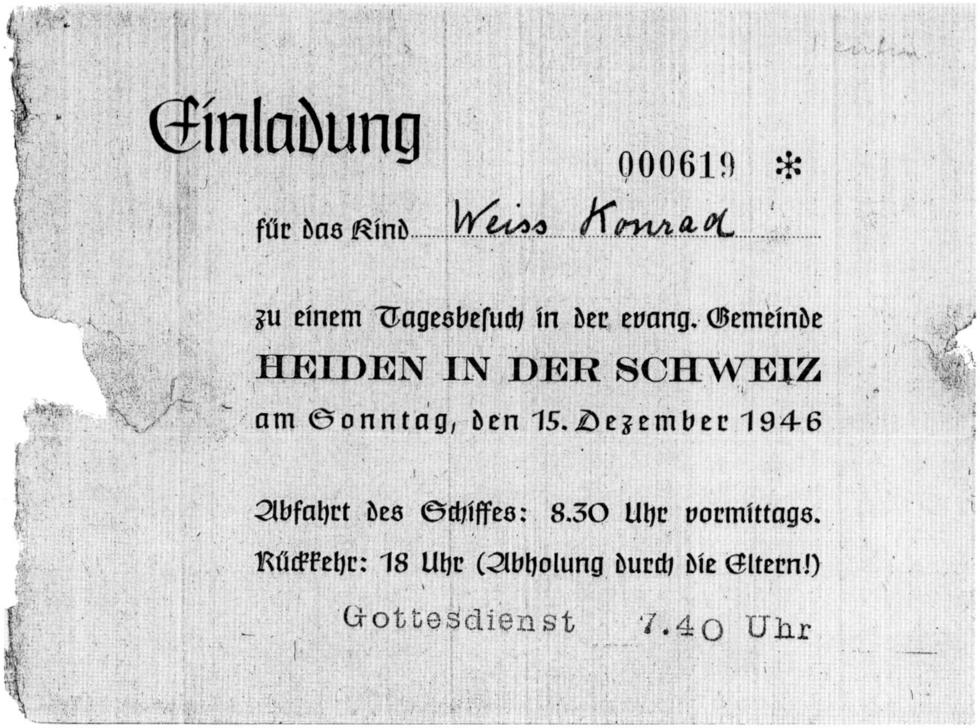

Einladung

000619 *

für das Kind Weiss Konrad

zu einem Tagesbesuch in der evang. Gemeinde
HEIDEN IN DER SCHWEIZ
am Sonntag, den 15. Dezember 1946

Abfahrt des Schiffes: 8.30 Uhr vormittags.
Rückkehr: 18 Uhr (Abholung durch die Eltern!)

Gottesdienst 7.40 Uhr

Konrad Weiß durfte am 15. Dezember 1946 von Lindau aus in die Schweiz fahren (Originaldokument).

„Natürlich wollte jeder mit"

Alles also Friede, Freude, Elerkuchen? Es wäre zu schön gewesen. Maria Bart, nach dem Krieg als Seelsorgehelferin in der katholischen Kirchengemeinde Canisius in Friedrichshafen für die Organisation der Fahrten mitverantwortlich, verbindet mit ihnen nicht nur positive Erinnerungen. Weil die Zahl der Kinder, die in die Schweiz durften, begrenzt war, musste Maria Bart gemeinsam mit Pfarrer Valentin Mohr entscheiden, wer mitdurfte.

„Ich stand ständig unter Rechtfertigungszwang. Natürlich wollte jeder mit", sagt Maria Bart. „Mir war es so arg, wenn ich jemandem sagen musste: Ich kann Ihr Kind nicht mitlassen. Viele, die nicht mitkonnten, waren persönlich böse." Und: Dank bekam sie so gut wie keinen, viele schimpften hintenherum über sie und den Pfarrer. Die Friedrichshafenerin hat sich das sehr zu Herzen genommen: „Freude habe ich an der Sache im Grunde genommen nur wenig gehabt."

Wie viele Kinder aus der Bodenseeregion und aus Oberschwaben mit dem Schiff in die Schweiz fahren durften, lässt sich heute nicht mehr genau feststellen. Nicht alle Fahrten wurden dokumentiert, manche Unterlagen sind in den Nachkriegswirren verloren gegangen. Nachgewiesen sind mehr als 6.000, die tatsächliche Zahl dürfte allerdings deutlich höher sein.

Bei vielen „Schweizer Kindern" ist der Tag in der Eidgenossenschaft noch heute so präsent, als hätten sie ihn gestern erlebt. „Unbekannte können sich die Freude nicht vorstellen, die ich empfand, in einer Familie sein zu dürfen, die sich größte Mühe gab, mich zu verwöhnen", sagt Konrad Weiß. Er war während des Krieges mit seinen Eltern aus Schlesien, das heute zu Polen gehört, vertrieben worden. 1945 kam die Familie nach Lindau an den Bodensee. Im Dezember 1946 durfte Konrad Weiß einen Tag in der Eidgenossenschaft verbringen. „Ich bin viel in der Welt rumgekommen, habe viel gesehen. Aber der Tag in der Schweiz wird der schönste in meinem Leben bleiben", sagt ein anderes „Schweizer Kind".

Pfarrer Andreas Gantenbein und seine Frau Magdalene

Albert Merglen

Die Helfer bleiben bescheiden

Fragt man heute Frieda Klee (90) aus Schachen (Appenzell Ausserrhoden), eine der wenigen noch lebenden Gastmütter, warum sie nach dem Krieg Kinder aufgenommen hat, sagt sie bescheiden: „Das war nichts Besonderes. Wir haben es für die Kinder getan." Und: „Ich bin noch heute froh, dass wir geholfen haben. Wir konnten die Kinder nicht leiden sehen." Auch General Merglen (92) wehrt ab: „Ich habe keine große Tat vollbracht, sondern das getan, was mir möglich war. Das Wohl von Kindern lag mir schon immer am Herzen." Pfarrer Gantenbein (92) formuliert es so: „Die Kinder halfen uns wieder, den Zugang zum Nachbarn drüben, der uns so fremd geworden war, zu finden. Und das war viel, mehr als wir gaben."

„Schweizer Kinder" wie Kurt Pfund aus Biberach haben den Kontakt zu ihren Schweizer Gasteltern über all die Jahre nie abreißen lassen. „Unzählige Pakete aus Amriswil halfen die größte Not zu lindern", erinnert er sich. Der 71-Jährige spricht von einer „Freundschaft fürs Leben, die mich geprägt hat". Gerne hätte er seine Gastmutter mit zur Schiffsbrücke genommen, ihr zum wiederholten Mal danke gesagt, doch Alice Bissegger starb kurz vor dem 20. Mai 2007.

Manche „Schweizer Kinder" wie Botschafter Andreas von Stechow, Deutsche Botschaft Bern, suchen noch heute nach ihren Gasteltern beziehungsweise deren Nachfahren.

Ein besonderes Glück

Einige haben sich wieder gefunden. Dem „Schweizer Kind" Gerhard Zimmermann aus Biberach ist am 20. Mai 2007 ein besonderes Glück vergönnt. Wenige Wochen zuvor hat er an die Adresse seiner Gasteltern in St. Gallen eine Postkarte aus Biberach geschickt - obwohl der Kontakt seit vielen Jahren abgerissen ist. „Ich werde am 20. Mai mit dem Schaufelraddampfer ‚Hohentwiel' zum Festakt ‚60 Jahre Schweizer Kinder' nach Romanshorn kommen", hat er darauf geschrieben. Als das Schiff anlegt, entdeckt Zimmermann die von ihm geschriebene Karte. Nachfahren seiner Gasteltern halten sie in den Händen. Sie fallen sich in die Arme – der Deutsche und die Schweizer. Ganz so, als hätten sie sich nie aus den Augen verloren.

Haben nie den Kontakt abreißen lassen: Das „Schweizer Kind“ Kurt Pfund (Mitte) mit seinen Gasteltern Alice und Ernst Bissegger. Das rechte Bild zeigt ihn (hinten) mit dem von der Gastmutter gestrickten Pulli.

Auch Heinz Hilbert (auf dem linken Foto mit seinem Gastvater) hat die Verbindung zu seinen Gasteltern Maria (Melia) und Willy Bommeli gehalten.

DAS SCHWEIZERISCHE ROTE KREUZ UND DIE KINDERZÜGE

Der erste Berliner Kinderzug kehrte am Spätnachmittag des 19. August 1947 aus der Schweiz zurück. Schon von weitem habe man auf dem Bahnsteig in Grunewald die vielen roten Fähnchen mit dem weißen Kreuz gesehen, mit denen die Rückkehrer aus den Abteilfenstern freudig gewunken hätten, hieß es im „Tagesspiegel".

„UNSER DANK IST UNVERGESSEN"

von Dr. Bernd Haunfelder, Münster/W.

„Kinder leiden! Kinder weinen!"

Es gab einmal eine Zeit, in der es deutsche Kinder kaum erwarten konnten, von zu Hause wegzukommen, eine Zeit, in der sie Schweizerdeutsch lieber sprachen als ihren heimischen Dialekt. Das war 1946 und in den Folgejahren. Damals, als Deutschland weitgehend zerstört war und viele Kinder hungerten, halfen zahlreiche Schweizer Hilfswerke, darunter besonders das Rote Kreuz. Es ist nicht zu bezweifeln, unser Land hätte ohne die unmittelbar einsetzende ausländische Unterstützung vor einer noch größeren Katastrophe gestanden.

Mit humanitärer Nachkriegshilfe wird in Deutschland aber fast nur noch die Unterstützung aus den USA verbunden. Dieser Eindruck ist auch darauf zurückzuführen, dass die schon 1946 erkennbare positive Rolle der USA als Schutzmacht die parallel verlaufende Aktion der „Care-Pakete" in ein besonderes Licht rückte. Die umfangreiche Hilfe aus der Schweiz ist dagegen weitgehend vergessen.

Dabei war die Hilfe unseres Nachbarlandes beachtlich. Als Bundeskanzler Konrad Adenauer 1951 zu einem Urlaubsaufenthalt in die Schweiz fuhr und dort von Bundesrat Max Petitpierre zu einem Höflichkeitsbesuch empfangen wurde, hatte ihm das Auswärtige Amt ein Exposé zur Hand gegeben. Darin kam zum Ausdruck, dass die Schweiz nicht nur zu den ersten Ländern zählte, die Hilfe in das zerstörte Deutschland brachten, sondern es blieb auch nicht unerwähnt, dass ein Großteil der Spenden von der Bevölkerung aufgebracht worden sei und dieses Aufkommen pro Kopf, gemessen an der Einwohnerzahl und der Höhe des Bruttosozialprodukts, sich großer ausnahm als das der Vereinigten Staaten.

Das humanitäre Engagement der Schweiz war wohl tatsächlich unter allen Nationen am rührigsten. Das Land hat die größte Hilfe, nicht nur für Deutschland, sondern auch für andere europäische Staaten geschultert – zum Teil bis in die 1950er-Jahre hinein –, und ihre Bevölkerung hat unter allen Helferländern insgesamt das größte Engagement an den Tag gelegt. Das kam vor allem zehntausenden deutschen Kindern zugute, und das unterschied die Schweizer Hilfe markant von anderen, gleichwohl auch sehr bedeutenden humanitären Aktionen aus Europa und Amerika.

Die kritische Einstellung der Alliierten gegenüber der von der Schweiz verfolgten Neutralitätspolitik und die Nachrichten über die Ausmaße des Holocaust hatten aber eine Deutschlandhilfe zunächst in weite Ferne gerückt. Angesichts verschiedener Spannungen Berns mit den USA aufgrund der vormaligen Beziehungen zum „Dritten Reich" wollte die Eidgenossenschaft ihrerseits nicht gerade das erste Land sein, das Deutschland zu Hilfe kam. Trotzdem vermittelte die Meinung des Bürgers ein differenzierteres Bild. Man wusste sehr wohl das individuelle Schicksal, gerade das der Kinder, der Schwachen und Notleidenden, von jenem der Deutschen allgemein zu trennen. „Kind ist Kind" war oft zu hören. In beschränktem Umfang wurde lediglich humanitäre Unterstützung in den Grenzregionen, so auch am Bodensee, erlaubt.

„... Kinder leiden! Kinder weinen. Wir aber besitzen jede Voraussetzung materieller und geistiger Freude und alles, was notwendig ist, um glücklich zu sein. Wir leben sogar im Überfluss. Lasst uns nicht erlahmen, sondern unsere Anstrengungen zugunsten der Patenschaften der Kinderhilfe verdoppeln, weil das die sichere Möglichkeit bedeutet, Kindern ein paar Stunden der Freude und der Hoffnung zu bringen ...", hieß es dazu treffenderweise in der Zeitschrift des Schweizerischen Roten Kreuzes 1947.

Appelle, humanitäre Aktionen ihres Landes, etwa die Kinderhilfe des SRK zugunsten der Aufnahme und Betreuung zehntausender Kinder zu unterstützen, verhallten nie ungehört. Seit 1942 gaben die Schweizer reichlich: Straßensammlungen, Spendenaktionen, Verkauf von Abzeichen, Sonderabgaben bei Postscheckaktionen oder Sonderbriefmarken, dazu gab es Spenden der Wirtschaft, solche der Werktätigen oder der Jugend und dazu immer wieder Spenden aus allen Schichten der Bevölkerung.

Im Dezember 1944 war dazu die offizielle Hilfe des Landes, die „Schweizer Spende für die kriegsgeschädigten Völker Europas", per Bundesbeschluss ins Leben gerufen und unter das Patronat des Bundesrats gestellt worden. Sie erhielt den Status einer öffentlichen Stiftung und sollte in den kommenden Jahren mit weit über 200 Millionen Schweizer Franken aus Bundesmitteln und privaten Spenden ausgestattet werden, nach heutigem [2007] Wert etwa eine Milliarde Franken. In diesem Dachverband waren zahlreiche Hilfswerke vereinigt, etwa das „SRK", der „Schweizerische Caritas-Verband", das „Hilfswerk der Evangelischen Kirchen der Schweiz" und das „Arbeiter-Hilfswerk", um nur die Großen zu nennen.

In die offiziellen Hilfsleistungen der „Schweizer Spende" wurden vor allem der westliche Teil Deutschlands, das südliche Baden, das heutige Land Rheinland-Pfalz, das Saarland, das nördliche Rheinland [Köln, Aachen], das westfälische Ruhrgebiet [Bochum, Dortmund, Gelsenkirchen], die an der Ostsee gelegene schleswig-holsteinische Landeshauptstadt Kiel sowie Berlin einbezogen. Diese Gebiete sollten aufgrund der großen Notlage kontinuierliche Hilfe bis zur Auflösung der „Schweizer Spende" 1948 und mit rund 34,7 Millionen Franken den größten Teil des gesamten Budgets erhalten.

Als die bei weitem größte Einzelaktion der „Schweizer Spende" gilt dabei die vom Schweizerischen Roten Kreuz [SRK] durchgeführte Aufnahme unterernährter Kinder aus vielen Ländern Europas. Ende 1940 waren bereits die ersten Franzosen und Belgier in der Schweiz angekommen. Das SRK blickte diesbezüglich auf eine lange Tradition zurück. Schon nach 1918 half die Organisation Betroffenen aus allen Teilen Europas. Mit dem im Herbst 1941 erfolgten Zusammenschluss der „Schweizerischen Arbeitsgemeinschaft für kriegsgeschädigte Kinder" [SAK] mit dem SRK und der nachfolgenden Gründung der Abteilung „Schweizerisches Rotes Kreuz, Kinderhilfe" begann am 1. Januar 1942 schließlich ein neues Kapitel. Für die Fusion, die auf Druck des Bundesrats vorgenommen wurde, sprach, äußerlich betrachtet, die Koordination und einheitliche Ausrichtung der Kinderhilfe beider Einrichtungen. Es ging Bern letztlich aber auch darum, eigenmächtiges Auftreten privater Hilfswerke, das der offiziellen Flüchtlingspolitik entgegenwirkte, zu unterbinden.

Gibt es ein deutsches Kinderelend?

Bevor die Kinderzüge aus Deutschland in die Schweiz reisen konnten, waren umfangreiche Vorbereitungen zu treffen. Nachdem der Bundesrat am 25. Oktober 1945 seine Zustimmung zur Deutschlandhilfe gegeben hatte, verhandelte der Zentralsekretär der Kinderhilfe des SRK, Dr. Hans Rolf Gautschi, mit den Alliierten, zunächst mit den Franzosen. Diese standen der Hilfsaktion recht positiv gegenüber und brachten nur wenig und zudem leicht zu beseitigende Einwände vor. Bereits am 14. Januar 1946 erreichte das SRK schließlich die Zustimmung aus dem französischen Hauptquartier in Baden-Baden. Schwierige und langwierige Gespräche fanden indes mit den Amerikanern statt, die zunächst bestritten, dass es in Deutschland ein Kinderelend gäbe. Wenn in Deutschland von Kinderelend gesprochen werden könne, so bemerkten die Amerikaner weiter, so sei dies in den Armenvierteln der Großstädte der Fall. Vergleichbare Zustände fände man gleichwohl in allen Großstädten. Mit einer positiven Antwort schien nicht zu rechnen zu sein. Im Mai 1946 nahm das SRK schließlich erste Gespräche mit britischen Vertretern auf, die nach langwierigen Verhandlungen, wobei es hauptsächlich um bürokratische Aspekte ging, der Kinderhilfsaktion zustimmten.

Mit den Amerikanern war es dagegen im Spätsommer noch immer nicht zu einer Übereinkunft gekommen, was nicht zuletzt auf unterschiedliche Auffassungen hinsichtlich der Beurteilung des gesundheitlichen Zustands der Kinder in ihrer Zone zurückzuführen war. Nachdem sich aber die Ernährungslage in Deutschland dramatisch verschlechtert hatte, willigten die Amerikaner schließlich in die Schweizer Pläne ein, lehnten indes weitere Hilfe in ihrer Zone ab. Sie wollten sich nicht nachsagen lassen, sie könnten die Bevölkerung nicht ernähren. Überraschenderweise waren es dann amerikanische Stellen, die das SRK aufforderten, in die Aktion auch Berlin einzubeziehen. Aufgrund des besonderen Status der vormaligen deutschen Hauptstadt hatte vermutlich die Sowjetunion darauf gedrungen, dass hier nicht das SRK, sondern das IKRK [Internationales Komitee vom Roten Kreuz] mit der Organisation der Kindertransporte beauftragt werden sollte. Nach wochenlangen Vorbereitungen, auch bei der Auswahl der bedürftigen Kinder, und nach Überwindung vieler bürokratischer Hindernisse bei Verhandlungen mit den vier Siegermächten, konnte am 8. Mai 1947, genau zwei Jahre nach Kriegsende, der erste Zug aus Berlin in Richtung Schweiz abfahren.

„Meine Eltern wollten einfach helfen"

Die Koordination der Kindertransporte ging von einem mit mehreren Abteilungen ausgestatteten SRK-Zentralsekretariat in Bern aus, das bis April 1947 der damals 31-jährige Jurist Dr. Hans Rolf Gautschi leitete. Ihm unterstanden etwa 60 Mitarbeiter in der Zentrale sowie in den verschiedenen Büros der Schweiz, in den 21 Sektionen und den vier Empfangszentren, in den Heimen im In- und Ausland sowie in den Delegationen etwa weitere 800 überwiegend freiwillige Mitarbeiter. Auf Gautschi folgte bis 1949 Marianne Jöhr. Eine zentrale Rolle nahm schließlich der Abteilungsleiter René Steiner ein, der für die gesamte Planung der Kinderzüge verantwortlich war. Ihre Arbeit wurde zudem im gesamten Land im großen Stil von Freiwilligen unterstützt, auch von vielen Pfadfindern, die stets bei der Abreise der Kinder in ihre Heimat das nunmehr reichliche Gepäck in den Zügen verstauten.

In der Zentrale in Bern wurden die umfangreichen Maßnahmen, darunter die Bereitstellung der Züge in Zusammenarbeit mit den Schweizer Bundesbahnen, geplant. Die angemieteten Waggons sollten möglichst effektiv eingesetzt werden. Die Rückfahrten aus der Schweiz waren deshalb so terminiert, dass sogleich in akzeptabler Reichweite des Zielorts ein neuer Transport zusammengestellt werden konnte. Wenn also Züge in Richtung Norddeutschland fuhren, brachten sie auf dem Rückweg entweder Kinder von dort oder auch häufig aus Berlin in die Schweiz. Gleiches galt für das Rheinland und das Ruhrgebiet sowie für die Region beiderseits des Rheins in der amerikanischen und französischen Zone.

Ferner musste der Einsatz des Personals, der „Convoyeusen", geregelt werden. Diese waren keine Schwestern in Diensten des SRK, sondern freiwillige Begleiterinnen, meist Hausfrauen. In Deutschland und Österreich sowie bei Durchfahrten durch diese Länder hatte das SRK angeordnet, dass diese eine Rotkreuz-Uniform zu tragen hatten. Sie sollten damit von den alliierten Truppen sofort erkannt werden. In anderen Gegenden Europas wiesen sie sich lediglich durch eine Armbinde als Mitarbeiterinnen der Organisation aus. Sie unterstanden der jeweiligen Transportleitung des Zugs. Das ihnen auferlegte genau reglementierte Arbeitspensum ließ während langer Fahrten keine Langeweile aufkommen. Bis ins Detail war der Ablauf ihrer Tätigkeit geregelt. Das galt nicht minder für die männlichen Kollegen, anfänglich Heerespolizisten, später Freiwillige, die für die Aufsicht und Sicherheit der Züge vor allem während der Nachtstunden verantwortlich waren.

Daneben hatte die Zentrale die Vorbereitungen zur Versorgung der Kinder während der Reise – manche Züge waren bis zu zwei Tage unterwegs –, sowie die Regelung der Grenzformalitäten mit der amerikanischen, britischen, französischen und sowjetischen Besatzungsmacht in Deutschland zu treffen. Zum Schluss waren die doch recht umfangreichen medizinischen und hygienischen Kontrollen der Kinder bei der Einreise in die Schweiz zu koordinieren – alles in allem, dazu noch angesichts der Zeitumstände, höchst bemerkenswerte logistische Leistungen.

Eine der wichtigsten Aufgaben nahm die Verwaltung der Unterbringungskommission wahr. In enger Absprache mit Bern organisierten die eigenen, bereits zu Beginn der 1940er-Jahre gegründeten Sekretariate in den Kantonen die Aufnahme der Kinder bei Pflegeeltern oder in speziellen Erholungsheimen. Eine zentrale Rolle nahm dabei das verkehrsmäßig günstig gelegene Zürich ein. Hier wurden die von Basel aus kommenden Kinder entweder von ihren Gasteltern abgeholt oder von Begleitpersonen zu den nächsten Zielbahnhöfen gebracht.

„Meine Eltern wollten einfach helfen", beschrieb ein Schweizer aus dem Kanton Luzern ihr Verhalten 1946. In Deutschland hungerten viele Kinder, und sie hätten genug Platz und auch zu essen gehabt, beschrieb die Ehefrau eines Bäckers aus dem Kanton Aargau ihre Motive für die Aufnahme deutscher Kinder. „Auch meine Eltern, die damals im Kanton Thurgau lebten, wollten etwas tun", erinnert sich eine andere. „Aber sie mochten nicht einfach anonym Geld für eine Organisation spenden, sie wollten einem ausländischen Kind durch einen Erholungsaufenthalt in ihrem Haus helfen." So dachten wohl viele Schweizer. Mehr als 100.000 Schweizer Familien waren bereit, Hilfsbedürftige zu pflegen; manche hatten gar mehrfach Kinder zu Gast. Es waren oft einfache Leute, Landwirte oder Gewerbetreibende, die sich sagten, dass dort, wo zwölf satt werden, auch noch Speis' und Trank für ein 13. Kind sei. Aber auch sehr vermögende Schweizer reihten sich ein. Sie handelten, das wird aus Berichten damaliger Kinder ersichtlich, einfach aus christlicher Nächstenliebe. Sie wollten, als sie von der großen Not in Europa erfuhren, etwas Gutes tun. Ziele der deutschen Kinder in die Schweiz waren überwiegend die deutschsprachigen Kantone.

Für die Gastfamilien war die Aufnahme der ausländischen Kinder trotz großen Einfühlungsvermögens aber mitunter nicht einfach. Von den Kriegsereignissen traumatisierte, unerkannt kranke oder anfangs von großem Heimweh geplagte Kinder wollten besonders betreut sein, so dass das SRK wiederholt eingeschaltet wurde. Solche oder andere Fälle gab es aber nicht oft und auch erzieherische Probleme hätten unter tausenden in einem Verhältnis von einem oder zwei Prozent gelegen. Während des Aufenthalts der Kinder erkundigte sich das SRK regelmäßig nach deren Wohlergehen und ergriff die Initiative, wenn es die Umstände erforderten. Wiederholt hatten Mitarbeiter beanstandet, dass Kinder zu regelmäßiger und oftmals nicht einfacher und auch harter Arbeit, etwa in der Landwirtschaft, herangezogen würden.

Es gab auch Pflegeeltern, die sich die Aufnahme eines Kindes einfacher vorgestellt hatten und überfordert waren. Allerdings durfte kein Kind ohne Genehmigung des SRK zu einer anderen Familie wechseln. Die Pflegeeltern wurden zudem ermahnt, politische Beeinflussung der Kinder zu vermeiden und Kritik an Einrichtungen ihrer Heimatländer zu unterlassen. Trotzdem ließ sich im Falle Deutschlands das Thema Krieg und Nachkriegszeit oftmals nicht vermeiden. Ungläubiges Staunen hatten wiederholte schon beiläufige Erzählungen der Kinder von Luftangriffen und deren Folgen ausgelöst. Der wohl bemerkenswerteste Satz in den Richtlinien an die Eltern betraf indes ihr eigenes Verhalten: „Erwarten Sie nicht in erster Linie Dankbarkeit, die Nachkriegsjahre sind nicht spurlos an dem Kind vorübergegangen." Die den Gasteltern entgegengebrachte große Sympathie, vor allem aus Deutschland und Österreich, verkehrte dieses vermeintliche Problem markant ins Gegenteil.

„Werden wir mit dürfen?"

Am Beispiel Berlins offenbarte sich das größte Problem der gesamten Aktion, nämlich die Auswahl der einzelnen Kinder. Zu diesem Zweck waren Schweizer Ärztedelegationen in die deutschen Notstandsgebiete gereist und hatten dort die zuvor von deutschen Medizinern nach Schweizer Vorgaben voruntersuchten Kinder begutachtet. Dies geschah nicht nur aus Gründen eigener Urteilsfindung, sondern vor allem deshalb, um gegenüber der eigenen Bevölkerung, die schließlich die große Hilfe gewährte, absolute Glaubwürdigkeit und Objektivität zu garantieren. Das Auftreten schweizerischer Ärzte und zahlreicher Vertreter der Kinderhilfe des SRK in den zerstörten Großstädten, dazu die wirkungsvolle, weil gut organisierte Arbeit der einzelnen Hilfswerke der „Schweizer Spende" bei der Kinderspeisung, hatten nicht zuletzt zur Folge, dass den Helfern allgemein großes Vertrauen entgegengebracht wurde. „Alles Gute kam aus der Schweiz: Spenden, medizinische Hilfe und Nahrung ...", heißt es in den Erinnerungen eines Kindes. Nur auf diese Weise ist es wohl zu erklären, dass die deutschen Eltern trotz des oft großen Schmerzes über die Trennung von ihren Kindern einem doch vergleichsweise langen Erholungsaufenthalt von drei oder mehr Monaten in der Schweiz zustimmten.

Bei der großen Anzahl aller wirklich bedürftigen Kinder blieb es aber nicht aus, dass es ein absolut gerechtes Auswahlsystem nicht geben konnte. Es ließ sich bei der strengsten Untersuchungsmethode nicht verhindern, dass unter zwei Gleichbedürftigen ein Kind zurückstehen musste. Insofern waren die deutschen Mediziner, wie vielfach beobachtet, froh, dass die letzte Entscheidung bei ihren schweizerischen Kollegen lag. Dass ein solcher Beschluss nicht immer leicht fiel, bereitete auch diesen große Sorge. Ihrem Urteil lagen drei Bewertungen zugrunde: Befund 1 „muss fahren" [ernsthafte Unterernährung], Befund 2 „ist noch fraglich", Befund 3 „muss zurückbleiben". Mit zunehmender Routine der Behörden hatten es dann die eidgenössischen Ärztekommissionen leichter.

In Berlin waren indes ungleich größere Vorbereitungen zu treffen als in überschaubaren Städten von der Größe Hanaus, Ludwigshafens, Oberhausens oder Wilhelmshavens, zumal in der früheren deutschen Hauptstadt neben weitaus umfangreicheren Untersuchungen der große bürokratische Aufwand mit den vier alliierten Mächten hinzukam. Die vom SRK nach Berlin gesandte Ärztin Frau Dr. Walder war im Januar 1947 dorthin gereist, um den für März 1947 vorgesehenen Kinderzug vorzubereiten. „Das war gestern ein lustiges Kindergeplapper im Landesgesundheitsamt", hieß es am 17. Februar im Berliner „Telegraf". „Kinder zwischen vier und zehn Jahren erschienen mit ihren Müttern und Fürsorgerinnen. Die Kleinen schwatzten lustig von großen Bergen, die bis in den Himmel reichen, von Sonne und Schnee und vor allen Dingen von Schokolade und Milch ... Bei fast allen konnte man die Rippen zählen. Schmale, überzarte Körperchen, erschreckend dünne Ärmchen und bei einigen ganz Kleinen aufgetriebene Bäuche. Ein erschütterndes und erschreckendes Bild Berliner Kinderelends. Aus blassen Gesichtern schauten schattenumränderte Augen zum Personal auf ... ‚Werden wir mit dürfen?' ... Bei fast allen Kindern ist ein Durchschnitts-Untergewicht von acht bis zehn Pfund festzustellen. Die achtjährige Erika R. aus Berlin O wiegt nur 18,8 kg. Im Befund steht ‚auffallend elendes und blasses Kind' ... Mütter aus vier Sektoren danken der Schweiz für ihre großherzige Hilfe", heißt es am Ende des Artikels.

„Die kleine Martha aus Mannheim hat sich in der Schweiz ausgezeichnet erholt", wurde dieses Bild vom Schweizerischen Roten Kreuz betitelt, April 1947.

Für den ersten rund 500 Personen zählenden Zug sollten etwa 700 Infrage kommende, ernstlich unterernährte Kinder aus den 20 Berliner Bezirken ausgewählt werden. Für die Jungen und Mädchen wurden eine Radioskopie angefertigt, ferner die Bestimmung verschiedener medizinischer Werte vorgenommen – fraglos eine beachtliche, dazu noch unter den Zeitumständen kaum zu bewältigende Aufgabe in dieser Millionenstadt. Den Vorgaben kamen die deutschen Verantwortlichen aber nicht immer zur vollen Zufriedenheit der Schweizer nach.

Soziale Aspekte, etwa die Herkunft aus einer kinderreichen Familie, gestorbene oder kranke Eltern, dazu nachweisbare Armut, spielten bei der Auswahl der Kinder aber nur dann eine Rolle, wenn zwei Kinder, die gesundheitlich in gleichem Maße bedürftig waren, zur Wahl standen. An schwerwiegenden Krankheiten, etwa an aktiver Tuberkulose, an Asthma, starker Anämie oder an Epilepsie leidende Kinder, ferner Diphtheriebazillenträger oder Kontaktfälle mit Scharlach, Keuchhusten oder Masern, wurden bei der Auswahl nicht berücksichtigt. Auch verwahrloste Kinder waren – mit Rücksicht auf die Gastfamilien – von einer Reise ausgeschlossen.

Für jedes Kind wurde eine eigene Akte mit den wichtigsten Gesundheitsdaten angelegt. Darin befanden sich die Röntgenaufnahmen des Lungenbefunds. Erst danach trat die schweizerische Ärztekommission in Erscheinung und begutachtete etwa 120 Kinder am Tag. „Ein Teil der Kinder, die am ersten Tag vorgestellt wurden", so heißt es in einem Bericht der vom 5. bis 26. April 1947 in Deutschland weilenden schweizerischen Ärztekommission, „entsprach nicht dem Ernährungszustand, den man von Berlin erwarten konnte ... Wir sahen hier Kinder mit so großer Untergewichtigkeit und so starkem Grössendefizit, wie sie uns sonst nirgends in Deutschland begegnet waren. Ich konnte also von den mir vorgestellten 760 Kindern nur die bedürftigsten nehmen, obwohl fast alle hätten akzeptiert werden können im Vergleich zu anderen deutschen Städten ..." Am 9. Mai 1947 war nach langwierigen Vorbereitungen der erste Kinderzug von dort im Badischen Bahnhof in Basel eingetroffen.

„Wir waren in der Schweiz angekommen"

Die frühen, noch unter dem unmittelbaren Eindruck des Kriegsendes stehenden Kinderzüge kamen zunächst aus der Pfalz und dem Saargebiet, aus Koblenz, Mainz, Trier, aus Hamburg, Dortmund, Düsseldorf und aus Freiburg im Breisgau, im folgenden Jahr dann vor allem aus Berlin. Die Züge nahmen angesichts der großen Not Anfang 1947 auch aus der amerikanischen Zone Kurs in Richtung Schweiz; der erste kam im Januar aus Mannheim. „Ich erinnere mich auch, dass mir auf der Fahrt plötzlich unzerstörte Häuser auffielen – wir waren in der Schweiz angekommen! Um 7.00 Uhr erreichten wir Basel", berichtete ein Kind.

Der erste deutsche Zug mit etwa 270 Kindern aus Ludwigshafen, mit 150 aus Saarbrücken und mit 80 aus Trier fuhr am 16. April 1946 in die Schweiz. Am 24. Juli kehrte der Transport nach Ludwigshafen zurück. Drei Tage später hieß es in der dort erscheinenden „Rheinpfalz": „268 unterernährte Ludwigshafener Kinder waren drei Monate lang die Gäste von Schweizer Familien. Die Schweiz, die in der Hilfeleistung an unsere Bevölkerung schon sehr viel Anerkennenswertes getan hat, gewährte unseren Kindern in der Schweiz einen Aufenthalt, der ihnen zum unvergeßlichen Erlebnis wurde ... Uns allen, die wir zum Empfang anwesend waren, bot sich ein Bild der Nächstenliebe, vermittelt durch strahlende zufriedene Kinderaugen, die nun leider wieder in die Enge und Dürftigkeit unserer heutigen Verhältnisse zurückkehrten. Wie hatten sich doch unsere Kleinen alle verändert! Dicke Backen, sonnengebräunt, in neuen Anzügen, Kleidern und Schuhen, mit Paketen und Koffern voll süßer Geschenke für sich und die Geschwister beladen. In diesem Zusammenhang soll nicht versäumt werden, dem Schweizer Schwesternpersonal für die aufopfernde Pflege unserer Kleinen zu danken. Danken wollen wir weiter dem gesamten Schweizer Volk für seine großzügige Hilfe und all den Familien in der Schweiz, die die Gastgeber unserer Kinder waren. Was die Schweiz hier leistet, ist mehr als Versöhnung, es zwingt uns zu innerer Hochachtung dem Schweizer Volk gegenüber. Wir alle wollen ihm das nie vergessen."

In dieser und ähnlicher Weise wurde in den folgenden Monaten in der deutschen Presse über die Rückkehr deutscher Kinder aus der Schweiz berichtet. In der „Rheinpfalz" fehlte allerdings der später immer wieder besonders gerne hervorgehobene Wandel der Aussprache der Kinder, die nach ihrem zumeist dreimonatigen Aufenthalt Redewendungen und Ausdrucksstil des Schweizerdeutschen angenommen hatten und von den Eltern nur schwer verstanden wurden.

Die Kinderhilfe des SRK beschränkte sich aber nicht nur auf solche Regionen Deutschlands, die vergleichbar günstig und rasch von der Schweiz aus zu erreichen waren. Aus Freiburg ist nur ein Zug bekannt. Schon am 5. Juli 1946 hatte der erste Zug mit 450 Hamburger Kindern im Alter zwischen vier und zehn Jahren nach 19-stündiger Fahrt – für die zeitbedingten Verhältnisse ungewöhnlich rasch – Basel erreicht. Er war von den Niederlanden kommend, wohin holländische Kinder zurückgebracht worden waren, in der Hansestadt eingetroffen. Nach Rückkehr des ersten Kinderzuges nach Hamburg machte sich sogleich ein weiterer Transport am 17. Oktober 1946 in Richtung Schweiz auf den Weg. Am 22. Januar 1947 kehrte dieser nach Hamburg zurück. Für die Kinderhilfe des SRK ging es aber noch weiter in Richtung Norden. An jenem Tag war der Zug, mit dem zuvor die Kinder des zweiten Hamburger Transports in ihre Heimat zurückgebracht wurden, weiter nach Kiel gefahren. Die Stadt lag 900 Kilometer von Basel entfernt. Am 23. Januar reiste der Transport mit 441 Kindern aus der schleswig-holsteinischen Landeshauptstadt in die Schweiz. In dem vom Krieg schwer mitgenommenen vormaligen Kriegsmarinestützpunkt unterhielt das Hilfswerk der Evangelischen Kirchen der Schweiz [HEKS] mit seinem „Schweizerdorf" ein eigenes soziales Zentrum, das nördlichste in Deutschland. Seine Mitarbeiter hatten das SRK über den schlechten Gesundheitszustand der Kinder informiert. Am 5. Mai kehrten die Kieler Kinder zurück. Der Zug fuhr danach quer durch die sowjetische Zone nach Berlin, um am 9. Mai morgens mit dem ersten Berliner Kindertransport wieder in Basel einzulaufen.

Gemessen an der Bevölkerungszahl der drei Westzonen reisten aber die meisten Kinder aus Berlin in das Nachbarland. Nach der Rückkehr des ersten Transports machte sich am 20. August der nächste Zug auf den Weg. Weitere folgten am 27. November, am 12. März 1948, am 11. Juni und am 20. September; letzterer brachte 451 Kinder in die Schweiz. Am 12. Februar und am 26. März 1949 waren weitere Berliner Züge in Basel angekommen. Die Fortführung der Verschickung während der von der Sowjetunion betriebenen Abriegelung der Stadt geschah übrigens auf Betreiben des IKRK. Problemlos stellten sich die Reisen nach Berlin allerdings nicht dar. Es kam immer wieder zu Verzögerungen beim Übertritt von der amerikanischen in die sowjetische Zone bei Hof in Nordbayern. Einschließlich 314 prätuberkulöser Kinder, die mit den allgemeinen Zügen, aber in eigenen Waggons reisten, kamen von Mai 1947 bis Mai 1949 insgesamt 4.750 Berliner Kinder zur Erholung in die Schweiz.

Berlin blieb auch für andere Kindertransporte die zentrale Anlaufstelle. Zum einen konnten von hier aus die Fahrten mit der sowjetischen Militärverwaltung koordiniert werden, zum anderen hatte in der vormaligen deutschen, nunmehr von den vier Siegermächten verwalteten Hauptstadt die schon erwähnte Sonderdelegation des Internationalen Komitees vom Roten Kreuz ihren Sitz. Als es im April 1948 darum ging, Kinder aus Chemnitz und Dresden für einen Transport in die Schweiz auszuwählen, waren diese auf Vermittlung der sozialistischen Wohlfahrtsorganisation „Volkssolidarität" zur Untersuchung nach Berlin gekommen. Aus der sowjetischen Besatzungszone kamen nur 944 Kinder in die Schweiz. Am 30. Januar 1949 waren die aus Potsdam, Oranienburg, Königswusterhausen und Hennigsdorf stammenden Kinder in Basel eingetroffen, am 10. Mai jene aus Chemnitz und Dresden.

„Schweizer Kinder" kamen auch aus Nordrhein-Westfalen. Für die Schweizer stellten sich die Verhältnisse in dem im August 1946 gegründeten späteren Bundesland insofern etwas günstiger dar, als das Land über eine recht gut funktionierende Verwaltung verfügte und zahlreiche soziale, karitative und religiöse Institutionen der Kinderhilfe des SRK zuarbeiteten. Um den Gesundheitszustand der Kinder war es mit Ausnahme Berlins aber hier am schlechtesten bestellt. Der erste Kinderzug aus Nordrhein-Westfalen und der zweite aus der britischen Zone fuhr am 22. August 1946 mit 449 Kindern von Dortmund ab und erreichte einen Tag später Basel. Am 3. Oktober 1946 machte sich der nächste von Wuppertal und Düsseldorf mit 469 Kindern auf den Weg. Er kehrte am 15. Januar des folgenden Jahres zurück.

Auch aus dem im Land Niedersachsen gelegenen Wilhelmshaven kamen 1947 rund 200 Kinder in schweizerische Gastfamilien, ferner aus Bremen, Bremerhaven und Hannover und immer wieder aus dem von Flüchtlingselend besonders betroffenen Schleswig-Holstein. Nur wenige Züge sind dagegen aus Bayern bekannt, aus den so fürchterlich zerstörten Städten Nürnberg und Würzburg keine. Auch aus Köln fuhr nur ein Transport in Richtung Schweiz. In der Rheinmetropole befand sich nämlich das größte Schweizer Dorf der britischen und französischen Zone, so dass die darbenden Kinder dort umsorgt werden konnten.

Zahlen sprechen für sich

Wie aus den Rechenschaftsberichten des SRK nach 1945 hervorgeht, kamen von November 1940 bis Ende 1956 insgesamt 181.545 Kinder, darunter allein 67.811 einschließlich 24.198 Flüchtlingskriegskindern aus Frankreich, 35.672 aus Österreich, 9.794 aus den Niederlanden, 5.641 aus Belgien, 6.030 aus Italien und 6.109 aus Ungarn zur Erholung in die Schweiz, um nur die größeren Kontingente zu erwähnen. Mit Ausnahme Frankreichs und Belgiens nahmen die übrigen Länder erst nach ihrer Befreiung 1945 an der Kinderverschickung teil. Aus Deutschland sollte die Schweiz allein auf Vermittlung des SRK von 1946 bis 1956 genau 44.044 Kinder aufnehmen, darunter von April 1946 bis Mai 1949, also während der planmäßigen, von der Kinderhilfe des SRK organisierten Züge, genau 29.230. Dazu zählt die Statistik bis 1956 noch 14.814 Flüchtlingskinder. Die Organisation hat diese, wie auch bei anderen Ländern der Fall, stets getrennt aufgeführt. In den besonders schwierigen Jahren 1946 und 1947 – der erste Kinderzug aus Deutschland machte sich allerdings erst Mitte April 1946 aus dem in der französischen Zone gelegenen Ludwigshafen auf den Weg –, belief sich die Zahl auf 19.131, von April bis Dezember 1946 auf 4.045, im gesamten Jahr 1947 auf genau 15.086, 1948 auf 7.666 und 1949 auf 2.433.

Zu der Zahl von rund 29.000 sind, wie erwähnt, die 14.814 Flüchtlingskinder hinzuzuzählen, welche schon seit 1948 stärker berücksichtigt wurden. Bis Ende 1951 nahm die Schweiz bereits 7.456 von ihnen auf. In den Unterlagen des SRK sind auch die Angaben über die Einreise aus den vier Besatzungszonen und aus Berlin zu finden. Vom 17. April 1946 bis zum 30. Mai 1949 kamen aus der französischen Zone 5.585 Kinder, aus der britischen 11.169, aus der amerikanischen 6.768 und aus der sowjetischen Zone 944 Kinder. Aus der Viermächtestadt Berlin reisten 4.750 Kinder an. Schließlich erwähnt die Statistik in der Zahl von 44.044 noch die Aufnahme von 2.310 deutschen tuberkuloseanfälligen, den prätuberkulösen Kindern, die bei weitem größte Anzahl unter allen europäischen Ländern. Sie fanden in den angemieteten Sanatorien, in Kinder- und Jugendheimen des SRK Genesung. In der Gesamtzahl von 44.044 sind aber nur zum Teil jene deutschen Kinder berücksichtigt, die nach 1949 von Verwandten oder Bekannten privat zur Genesung in die Schweiz reisten. Ihre Zahl ist schwer abzuschätzen, es dürften aber bestimmt mehrere tausend gewesen sein. Wie viele Kinderzüge

Aus der Schweiz zurück: Ankunft auf einem Bahnhof in Schleswig-Holstein, vermutlich in Rendsburg, um 1951. 1735 Kinder aus dem nördlichsten Bundesland waren von Winterbeginn 1949 bis Winterende 1953 in die Schweiz eingeladen worden.

insgesamt von April 1946 bis Ende Mai 1949 von Deutschland in die Schweiz fuhren, wurde genau festgehalten. Die Statistik des SRK verzeichnet 74 ankommende Züge in Basel, darunter befanden sich aber auch 14 mit weniger als 100 Kindern. 18 Züge kamen aus der französischen Zone, 27 aus der britischen, 18 aus der amerikanischen und zwei aus der sowjetischen Zone. Neun Transporte gab es aus Berlin. Ferner wurden noch 28 Einzeltransporte prätuberkulöser Kinder gezählt, die, etwa im Falle Berlins, aber den allgemeinen Kinderzügen angeschlossen wurden. Die Waggons hatte das SRK von den Schweizer Bundesbahnen angemietet, die ihrerseits die humanitäre Aktion dadurch unterstützten, dass sie Frachtfreiheit gewährten und der gesamten Kinderhilfsaktion sehr wohlwollend gegenüberstanden. Auf deutschem Gebiet wurden den schweizerischen Zügen Dampflokomotiven der Deutschen Reichsbahn vorgespannt. Für die Kosten kam das SRK auf.

Das SRK bezifferte die „theoretischen" Kosten für einen dreimonatigen Aufenthalt in einer Gastfamilie in den 1940-Jahren auf 350 bis 450 Franken einschließlich der zu berücksichtigenden Teuerungsrate, entsprechend 60 Millionen Franken. Insgesamt beliefen sich die Kosten der gesamten Aktion von November 1940 bis Ende 1956 auf 142,5 Millionen Franken. 87 Millionen entfielen dabei auf Reisekosten, auf Kleidung und medizinische Versorgung, etwa Kuren oder Krankenhausaufenthalte sowie auf außergewöhnliche Unterstützung der einladenden Familien, fast 12 Millionen auf die Unterbringung und Pflege der insgesamt 7.460 prätuberkulösen Kinder und fast 43 Millionen Franken auf allgemeine Unterstützungsmaßnahmen. Bei dem geplanten dreimonatigen Aufenthalt blieb es indes nicht immer. Ausbleibender Erfolg der gesundheitlichen Erholung bewog das SRK wiederholt, bei den Behörden eine Verlängerung zu beantragen, der wohl immer stattgegeben wurde. Manche Kinder blieben bis zu neun Monate in der Schweiz, einige sogar mehr als ein Jahr.

Ende Mai 1949 ging die planmäßige Aktion der Kinderzüge aus Deutschland zu Ende, nicht jedoch die Vermittlung weiterer Erholungsreisen. Mit berechtigtem Stolz konnte daher die Kinderhilfe des SRK auf einen großen organisatorischen Erfolg der gesamten Aktion zurückblicken. Es habe keine Epidemien gegeben, kein einziges Kind sei auf der Reise verunglückt und während der oft sehr langen Fahrten habe es auch keine technischen Probleme gegeben. Allerdings seien einige Kinder bei Unfällen im Straßenverkehr ums Leben gekommen.

„Die schönste Erinnerung an meine Kindheit"

Wie selbstverständlich wurden die kleinen Gäste für drei Monate, oft auch länger, in das Familienleben integriert, sie gehörten gleichsam dazu, ja, sie wurden mit offenen Armen aufgenommen und wurden nicht wie Fremde behandelt. Dies spürten vor allem deutsche Kinder in angenehmer Weise. „Kind ist Kind", war oft zu hören, „da spielt die Nationalität keine Rolle", meinte ein Familienvater. Die Pflegeeltern ließen es wirklich an nichts fehlen. Viele kleideten die Kinder, die ja selbst kaum noch über Anziehsachen verfügten, auf eigene Kosten ein, und versorgten sie mehr als ausreichend für die Rückreise. „Ich war bei sehr guten, lieben Pflegeeltern", heißt es stellvertretend für Zehntausende im Bericht eines Berliner Jungen.

Das Wort Heimweh tauchte übrigens fast nur am Anfang der Erholungszeit auf, selbst bei jenen Kindern, die vor nicht allzu langer Zeit einen langen Fluchtweg aus Schlesien, Pommern oder Ostpreußen hinter sich gebracht und ständig in der Angst gelebt hatten, ihre Angehörigen zu verlieren, wie deutsche „Schweizer Kinder" oftmals berichteten. Bei vielen, vor deren Augen sich bisher nur Krieg und Zerstörung abgespielt hatten und deren Väter entweder gefallen oder noch in Kriegsgefangenschaft waren, wirkten die Eindrücke aus diesem heilen Land noch lange fort. Im Gedächtnis blieb der Aufenthalt in der Schweiz daher wahrlich ein einmaliges und unvergessliches Ereignis. „Für mich ist die Zeit in der Schweiz die schönste Erinnerung an meine Kindheit. Ich fuhr weinend ab", bemerkte eine Berlinerin.

Bestandteil vieler Zeitungsberichte war der Hinweis, dass die Pflegeeltern ihren Kindern zum Teil große Kartons mit Kleidung und Lebensmitteln mit auf den Weg gaben. Diese Gaben stellten einen unschätzbaren Wert dar, weil hierdurch viele Mütter der Sorge enthoben wurden, Kleidung oder Schuhe für den Winter besorgen zu müssen. Bei der Kleidung handelte es sich oftmals nicht um gekaufte Konfektionsware, sondern um von den Pflegemüttern selbst geschneiderte oder gestrickte Mäntel, Hosen oder Röcke. Die Südwestdeutsche Volkszeitung schätzte, dass fast jedes der an Weihnachten 1946 aus der Schweiz zurückgekehrten Kinder Gepäck von 30 bis 40 Pfund mit sich führte.

Dass das Kinderhilfswerk des SRK mit seinen vielfältigen Aktionen nach 1945 zugleich einen bemerkenswerten Beitrag zur Völkerverständigung leisten und damit wieder einen ersten unbefangenen Dialog zwischen der Schweiz und Deutschland nach 1945 vermitteln sollte, war allerdings nicht vorhersehbar. Noch heute, 60 Jahre nach der Kinderverschickung, unterhalten viele deutsche „Schweizer Kinder" intensive Kontakte zur Familie ihrer Gasteltern, nunmehr auch zu deren Kindern und Enkeln. Das klingt wie in einem guten Märchen: Aus einem dreimonatigen Aufenthalt und vielleicht noch einigen folgenden Ferienwochen entwickelten sich lebenslange Freundschaften.

Dass die deutschen Kinder in der Nachkriegszeit wirklich etwas Außerordentliches erlebt hatten, kam den meisten aber erst später zu Bewusstsein. Im Jahr 2007 nähern sich viele dem 70. Lebensjahr und rückblickend mag manches, weil Erinnerungen aus der Kindheit nun einmal nachhaltig sind, verklärt klingen. Aber wohl selten hört man noch heute so viel spontan Gutes über die humanitären Bemühungen jenes Landes, das sie damals so mitmenschlich aufnahm.

„In meinen und meiner Geschwister Erinnerungen an diese Zeit des Schreckens und der Angst sind ‚die Schweizer' für uns jene Menschen gewesen, die uns liebevoll halfen, in ein gesichertes Leben zurückzufinden, vor allem aber wieder den Glauben an das Gute im Menschen zu entwickeln. Unser Dank ist unvergessen", heißt es in dem Bericht eines Flüchtlingskinds aus Pommern, das auch im Namen seiner Geschwister schrieb. Im Gedächtnis vieler Kinder blieb der Aufenthalt in der Schweiz wahrlich ein einmaliges und unvergessliches Ereignis.

Zwei "Schweizer Kinder" aus Österreich: Der sechsjährige Karl Redl und seine Schwester Hermine, fotografiert im Jahr 1946. Auch sie wurde liebevoll von Familie Gamma aufgenommen.

Wiedersehen am Vierwaldstättersee im Sommer 2007 (von links): Karl Redl, Robert Gamma und Redls Schwester Hermine

EINE GROSSARTIGE FAMILIE

von Hildegard Nagler, Wasserburg/B.

Freunde fürs Leben

Stellvertretend für alle Schweizer Gastfamilien sei eine vorgestellt: Familie Gamma aus Schattdorf im Kanton Uri. Obwohl die Eltern mit ihren vier Kindern in ärmlichen Verhältnissen lebten – der Vater war Arbeiter in einer Munitionsfabrik – nahmen sie in den Jahren 1946 bis 1948 fünf Pflegekinder auf: Karl Redl aus Österreich, seine Schwester Hermine, ein „Holländerli" und zwei deutsche Kinder.

Vor Karl Redl und seiner Schwester Hermine war ein „Holländerli" (Zweiter von links) bei Familie Gamma zu Gast. Rechts Erna, die älteste Tochter der Familie Gamma.

„Ich war unterernährt und hatte Lungenentzündung", erinnert sich Karl Redl, Generalmajor a. D. Seine Mutter musste allein für die beiden Kinder Karl und Hermine sorgen – der Vater war in russischer Kriegsgefangenschaft. Im Alter von sechs Jahren durfte Karl Redl im April 1946 für drei Monate in die Schweiz. Die Gastmutter achtete auf „ihren" Karli. Doch der nahm nicht wie gewünscht zu. „Das hat mir manchmal das Herz abgedrückt", schrieb Mutter Gamma an Mutter Redl. Trotzdem: Der Junge erholte sich einigermaßen. Im Folgejahr durfte seine Schwester in die Schweiz reisen.

Nach einer Weile brach der Kontakt zwischen den Redls und den Gammas ab, die Familien schienen einander vergessen zu haben. Bis vor zehn Jahren Karl Redl von der Schweizer Armee zu den schweizerischen Offiziers- und Instruktoren-Skimeisterschaften nach Andermatt eingeladen wurde. Auf der Rückfahrt am Sonntag sah er das Ortsschild von Schattdorf. Und plötzlich war sie wieder da, die Erinnerung an die liebe Gastfamilie. Nach der Messe erkundigte sich Karl Redl beim Pfarrer nach „Robi", so der Name des jüngsten Sohns der Familie Gamma. „Das kann nur Baumeister Robert Gamma sein", sagte der Pfarrer und erklärte Redl, wo er diesen finden könne. Als die Tür des Hauses von Robert Gamma aufging, standen sich die Männer gegenüber – und fielen einander um den Hals.

Seither ist der Kontakt nicht mehr abgerissen. Als Redls Vater, der im Frühjahr 1948 aus der Kriegsgefangenschaft zurückgekommen war, 2006 starb, stand auch Robi am Grab. In einem alten Köfferchen, das der Vater auf dem Dachboden aufbewahrt hatte, fand Redl, früher Militärkommandant von Vorarlberg, einen besonderen Schatz: den gesamten Briefverkehr der Familien Redl und Gamma. „Die Herzlichkeit meiner Gasteltern", sagt der heute 68-Jährige, „werde ich mein ganzes Leben lang nicht vergessen. Ich bin ihnen dafür ewig dankbar."

1/

Schattdorf den 15 April 1946

Liebe Famili Redl.

Haben heute mit grosser Sehnsucht Ihr Kind erwartet, und haben uns nicht getäuscht denn Karli ist ein lieber Bub. Haben seine Sachen durchsucht nach einem Schreiben von Ihnen aber leider keines entdecken können. Da meine Eltern heute keine Zeit haben zu schreiben so setze ich mich an den Tisch und besorge es, damit Sie uns einwenig kennen lernen. Wir sind zwei Mädel u. zwei Knaben, der jüngste Bruder ist jetzt 10 Jahre der andre ist 19 und ist gerade in der Rekrutenschule meine Schwester Agnes 17 Jahre und ich mit Namen Erna binn 21 Jahre alt. Habe am 27 April Hochzeit dass ist eine schöne Zeit für Karli. Am Sonntag kommt Ihm der Osterhasse er freut sich schon riessig darauf. Haben 4 Monate lang ein Holländer Bub gehabt er war auch 6 Jahre alt und so lieb wir können Ihn nie mehr vergessen. Meine Mutter weint alle Tage aber jetzt haben wir ja wieder Karli denn wir alle so lieb haben wie ein Bruder. Ach es gibt so viel Arbeit vor der Hochzeit dass wir fast Tag und Nacht arbeiten müssen aber es geht alles vorüber. Wir wollen Ihnen versichern dass Sie keine Angst haben müssen um Ihr Kind denn er ist gut aufgehoben wir sorgen schon für Ihn und Er kann alles haben was Er nur will. Und zu Essen

Der erste Brief der Familie Gamma an Familie Redl, geschrieben von der ältesten Tochter Erna. Karl Redl war kurz zuvor bei seiner Gastfamilie eingetroffen.

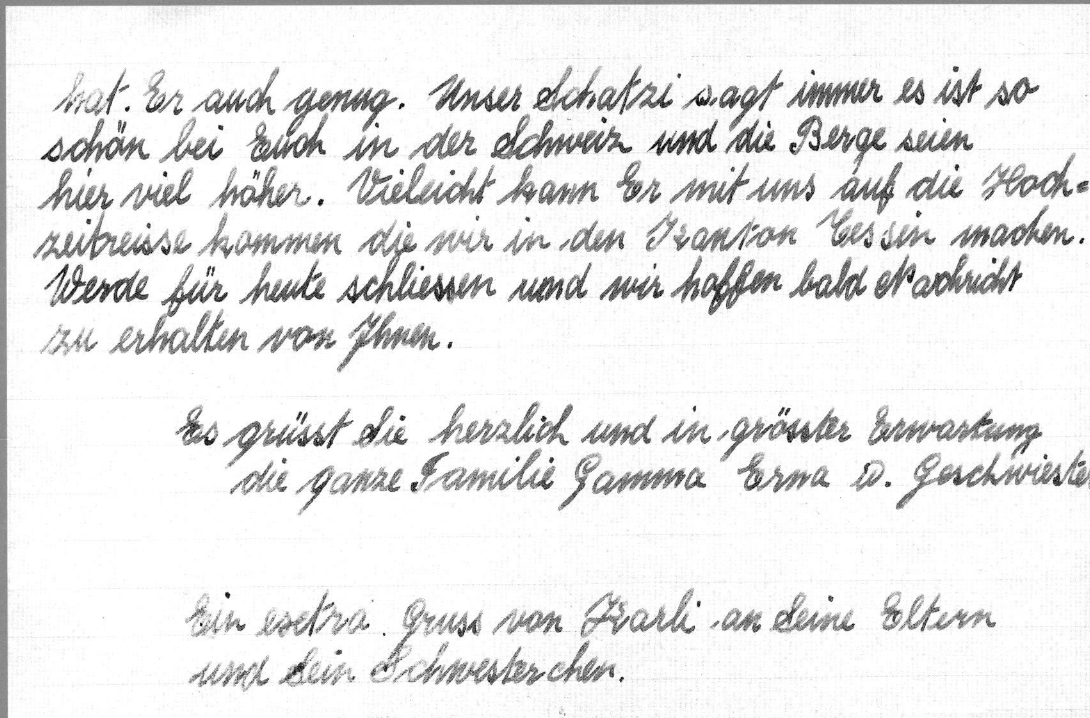

hat. Er auch genug. Unser Schatzi sagt immer es ist so
schön bei Euch in der Schweiz und die Berge seien
hier viel höher. Vielleicht kann Er mit uns auf die Hoch-
zeitreisse kommen die wir in den Kanton Tessin machen.
Werde für heute schliessen und wir hoffen bald Nachricht
zu erhalten von Ihnen.

Es grüsst Sie herzlich und in grösster Erwartung
die ganze Familie Gamma Erna u. Geschwister

Ein extra Gruss von Karli an seine Eltern
und sein Schwesterchen.

Liebe Familie Redl, Schattdorf den 15. April 1946

haben heute mit großer Sehnsucht Ihr Kind erwartet, und haben uns nicht getäuscht, denn Karli ist ein lieber Bub. Haben seine Sachen durchsucht nach einem Schreiben von Ihnen, aber keines entdecken können. Da meine Eltern heute keine Zeit haben zu schreiben, setze ich mich an den Tisch und besorge es, damit Sie uns ein wenig kennen lernen. Wir sind zwei Mädels und zwei Knaben, der jüngste Bruder ist jetzt 10 Jahre, der andere ist 19 und ist gerade in der Rekrutenschule. Meine Schwester Agnes ist 17 Jahre und ich mit Namen Erna bin 21 Jahre alt. Habe am 27. April Hochzeit. Das ist eine schöne Zeit für Karli. Am Sonntag kommt zu Ihm der Osterhase – er freut sich schon riesig darauf. Haben 4 Monate lang einen Holländer Bub gehabt. Er war auch 6 Jahre alt und so lieb – wir können ihn nie mehr vergessen. Meine Mutter weint alle Tage, aber jetzt haben wir ja wieder Karli, den wir alle so lieb haben wie einen Bruder. Ach, es gibt so viel Arbeit vor der Hochzeit, dass wir fast Tag und Nacht arbeiten müssen. Aber es geht alles vorüber. Wir wollen Ihnen versichern, dass Sie keine Angst haben müssen um Ihr Kind, denn er ist gut aufgehoben. Wir sorgen schon für ihn und er kann alles haben, was er nur will. Und zu essen hat er auch genug. Unser Schatzi sagt immer: Es ist so schön bei Euch in der Schweiz, und die Berge seien hier viel höher. Vielleicht kann er mit uns auf die Hochzeitsreise kommen, die wir in den Kanton Tessin machen. Werde für heute schließen und wir hoffen, bald Nachricht zu erhalten von Ihnen.

Es grüsst Sie herzlich und in grösster Erwartung die ganze Familie Gamma, Erna u. Geschwister.

Ein extra Gruss von Karli an seine Eltern und sein Schwesterchen.

DER VEREIN „SCHWEIZER KINDER"

In den schwierigen Jahren 1946 und 1947 nach der bitteren Kriegszeit wurden mehr als 6.000 Mädchen und Buben aus dem oberschwäbischen und Allgäuer Raum für einen Tag in die Schweiz eingeladen. Für die damals acht bis zwölf Jahre alten Kinder tat sich ein Stück heile Welt auf. Sie erlebten einen Tag im Schlaraffenland, den die meisten von ihnen bis heute nicht vergessen haben – er war und ist für sie ein Geschenk fürs Leben.

In der Folgezeit wurden nicht nur persönliche Kontakte gepflegt – auch Städte und Gemeinden wie zum Beispiel Biberach, Friedrichshafen, Langenargen und Isny hatten Verbindungen zu Schweizer Gemeinden aufgenommen.

1999 kam das „Schweizer Kind" Günter Müller auf Hildegard Nagler, Redakteurin der Schwäbischen Zeitung, mit der Bitte um Unterstützung zu: Er wollte sich gerne bei seiner damaligen Gastfamilie in der Schweiz oder deren Nachkommen bedanken, hatte aber weder Name noch Adresse. Die Journalistin recherchierte. Am 24. Dezember 1999 wurde ihr Beitrag „Christkindlis Fahrt ins Märchenland" in der Schwäbischen Zeitung veröffentlicht. Verbunden war er mit dem Aufruf an die ehemaligen „Schweizer Kinder", sich zu melden. Die Resonanz war erstaunlich: Mehr als 100 Briefe und Postkarten gingen ein, manche Schreiber schilderten begeistert ihren Tag in der Schweiz.

Am 30. September 2000 luden das St. Galler Tagblatt und die Schwäbische Zeitung zu einem Wiedersehen nach Rorschach in die Schweiz ein. 120 „Schweizer Kindern" folgten der Einladung. Aus diesem Kreis bildete sich eine 15-köpfige Arbeitsgruppe unter Leitung von Hildegard Nagler. Das Ergebnis der Gruppe war die Herausgabe des Buches „Das Wunder einer Reise – Die Schweizer Kinder und ihre Fahrt ins Märchenland" und die Gründung des gemeinnützigen Vereins „Schweizer Kinder e.V."

Das Buch und der Verein wurden am 21. Juni 2003 am „Tag der Schweizer Kinder und ihrer Gasteltern" mitten auf dem Bodensee auf dem Schweizer Motorschiff „Thurgau" vorgestellt. Mit diesem Schiff waren 1946/1947 die deutschen Kinder zu ihrem Tagesaufenthalt in die Schweiz gefahren.

„Die Schweizer Sonntage waren Tage, welche die Mädchen und Buben für ihr Leben geprägt haben. Nicht Millionen von Franken oder Reichsmark waren dafür erforderlich – es war allein die Herzenswärme der Menschen. Diese Idee wollen wir weitertragen", heißt es in dem Buch im Kapitel „Blick zurück – und nach vorne".

Ziel des Vereins ist es, Hilfe weiterzugeben und Kindern in Not, sei es im In- oder Ausland - ideell und materiell zu helfen. Eine Auswahl der Projekte:

- Jedes Jahr packen Vereinsmitglieder Weihnachtspäckchen für bedürftige Mädchen und Jungen.
- Kindern aus Oberschwaben und dem Bodenseeraum werden zweiwöchige Ferienaufenthalte gewährt.
- Mädchen und Jungen, die an Krebs, an Lebererkrankung, an Morbus Alexander und an Stoffwechselerkrankungen leiden, wurden unterstützt.
- Die Friedrichshafener Partnerstadt Polozk erhielt eine Spende zur Therapierung von Mädchen und Buben, die radioaktiv belastet sind.

UND SEINE GESCHICHTE

- 20 Kinder in einem Kindergarten in Telawi (Georgien) haben mit Hilfe des Vereins ein Jahr lang Frühstück und Mittagessen bekommen. Telawi ist die Partnerstadt von Biberach.

- Die Ravensburger Partnerstadt Brest erhielt eine Spende zur Linderung der Not krebskranker Kinder.

- Waisenhäuser in Burma, Kenia und Afghanistan wurden unterstützt.

- Der Bau einer afghanischen Schule wurde gefördert.

- In Not geratene Kinder der Tsunami-Flutkatastrophe haben Geldspenden erhalten.

- Somaly Mam, eine Kambodschanerin, rettet junge Mädchen aus Bordellen und hilft ihnen. Sie erhielt für Ihre Projekte eine Geldspende.

- Der Konstanzer Verein „Vivo" („Victims Voice") wurde in seiner Arbeit mit traumatisierten Kindern unterstützt.

Verein

Schweizer Kinder

Weitere Informationen über den Verein gibt es im Internet unter **www.schweizer-kinder.de**
Neue Vereinsmitglieder sind willkommen!

DER BESONDERE DANK DES VEREINS „SCHWEIZER KINDER" GILT ALLEN FOTOGRAFEN...

... sowie den nachfolgend genannten Medien beziehungsweise Unternehmen.
Sie haben ihre Fotos für diesen Bildband unentgeltlich zur Verfügung gestellt und unterstützen damit den Verein bei seiner Arbeit für Kinder in Not.

Gernot Apfelstedt
Susann Basler
Andrea Bodenmüller
Renate Bruggmann
Katy Cuko
Achim Förster
Gabriele Gerlach-Withalm
Hans-Jürgen Götz
Albert Guldener
Michael Häfner
Andy Heinrich
Krister Hennige
Peter Jähnig
Felix Kästle
Anja Köhler

Achim Mende
Dieter Pfund
Wilhelm Philipp
Gerhard Plessing
Roland Rasemann
Mona Scherenberger
Gerd Schröder
Fritjof Schultz-Friese
Peter Strauß
Hannes Thalmann
Max Tobler

Helikopter-Service-Triet,
Flugplatz St. Gallen-Altenrhein

Boote, Hamburg
Schwäbische Zeitung, Leutkirch und Friedrichshafen
St. Galler Tagblatt, St. Gallen
Südkurier, Friedrichshafen
Thurgauer Zeitung, Frauenfeld
Vorarlberger Nachrichten, Bregenz

Ein herzliches Dankeschön auch an:

dpa Frankfurt
Keystone Zürich
Eddy Risch, Keystone
Regina Kuehne, Keystone

... UND ALLEN BRÜCKENBAUERINNEN UND BRÜCKENBAUERN

- Bodensee-Segler-Verband
- Internationaler Bodensee-Motorboot-Verband
- Ludwig Gebhard, Verkehrs- und Schifffahrtsamt Landratsamt Bodensee
- Heinz-Joachim Unglert, Erster Polizeihauptkommisar und Leiter Wasserschutzpolizeistation Friedrichshafen
- Reinhard E. Kloser, Senior-Kapitän der „Hohentwiel" und gerichtlich beeideter und zertifizierter Sachverständiger für Schifffahrt und Wasserfahrzeuge
- Marion Berg, PR Consulting
- Hans-Joachim Kurz, Ehrenpräsident des Internationalen Bodensee-Motorboot-Verbands (IBMV)
- Ruedi Schellenberg, Präsident des Bodensee-Segler-Verbands (BSVB)
- Dieter Haertl, Geschäftsführer des Bodensee-Segler-Verbands (BSVB)
- Hans-Dieter Möhlhenrich, Pressesprecher des Bodensee-Segler-Verbands (BSVB)
- Polizei, See- und Wasserschutzpolizeien rund um den Bodensee
- THW, Feuerwehr, DLRG und Zoll
- Luftsportclub Friedrichshafen
- Walter Bretzel, Friedrichshafen
- Dr. Klaus Daser, Salem
- Dr. Klaus Hammerle, Friedrichshafen
- Walter Klaus, Lochau
- Anneliese Kloser, Hard
- Ulrike Penzel, Friedrichshafen
- Yvonne Roither, Esseratsweiler
- Heinrich Sandrell, St. Gallenkirch
- Annemarie Scheuermann, Salem
- Kathrin Schneider, Leutkirch
- Gabi Schneider-Bier, Leutkirch
- Christoph Schumann, Hamburg
- Gernot Apfelstedt, Redaktion „Boote", Hamburg
- Martin Böller, Geschäftsführer der Schweizerischen Bodensee-Schiffahrtsgesellschaft AG
- Thomas Brandt, Geschäftsführer der Deutschen Zeppelin-Reederei GmbH, Friedrichshafen
- Erich Buck, Versicherungsbüro, Ravensburg
- Iren Dornier, München / Pampanga
- Sonja Fa, BeDo Vertriebs- und Beteiligungsgesellschaft mbH, Friedrichshafen
- Manfred Foss, Geschäftsführer der Katamaran-Reederei Bodensee
- Ursula Fraefel, Thurgauer Zeitung, Frauenfeld
- Roger S. Gabor, Rechtsanwälte Dr. Rommelspacher, Glaser & Gabor Partnerschaft, Ravensburg
- Andreas Gessler, Bodensee Medienzentrum, Tettnang
- Herbert Guth, Südkurier, Friedrichshafen
- Jörg Handreke, Geschäftsführer der Bodensee-Schiffsbetriebe
- Beatrice Heuberger, JU-Air, Dübendorf (CH)
- Berthold Karg, Messebau, Salem-Neufrach
- Kurt Karnitzschky, CKB-Service, Wasserburg
- Dr. Herbert Löffler, Institut für Seenforschung, Langenargen
- Andreas Löwe, Rechtsanwalt, Konstanz
- Eberhard Magg, Kressbronn
- Achim Mende, Isky e.K. Expedition Bodensee, Überlingen
- Meyer Herbert, Baumschule, Lindau
- Renate Moser, InterSky Luftfahrt GmbH, Bregenz
- Andreas Mühl, Schwäbische Zeitung, Friedrichshafen

- Gerhard Plessing, Flug & Bild, Überlingen/ Bambergen
- Petra Reinmöller, PR2, Konstanz
- Matthäus Schmid, Bauunternehmen GmbH & Co.KG, Baltringen
- Dr. Gerd Schröder, Institut für Seenforschung, Langenargen
- Rolf Seewald, InterSky Luftfahrt GmbH, Bregenz
- Kuno Werner, Geschäftsführer der Stadtwerke Konstanz
- Christoph Zweili, St. Galler Tagblatt, St. Gallen
- Norbert Zeller, baden-württembergischer SPD-Landtagsabgeordneter
- Max Brunner, Gemeindeammann von Romanshorn a.D.
- Josef Büchelmeier, Oberbürgermeister von Friedrichshafen
- Land Vorarlberg
- Lothar Wölfle, Landrat des Bodenseekreises
- Stadt Friedrichshafen
- Stadt Ravensburg
- Stadt Weingarten
- Deutsche Zeppelin-Reederei GmbH, Friedrichshafen
- Dampfschiff Hohentwiel Schifffahrtsgesellschaft
- Katamaran-Reederei Bodensee
- Vorarlberg Lines
- Bodensee-Schiffsbetriebe
- Schweizerische Bodensee-Schiffahrtsgesellschaft AG
- Stadtwerke Konstanz
- AktionFN, Friedrichshafen
- Fa. Ascherl, Hard
- Bodensee Medienzentrum, Tettnang
- Flower Power, Überlingen
- Hauke Immobilien, Friedrichshafen
- Hermann Maier Immobilien, Friedrichshafen
- Hotel City-Krone, Friedrichshafen
- Hotel Krone, Schnetzenhausen
- IGB Ostermann Wohnbau GmbH, Friedrichshafen
- JU-Air, Dübendorf
- Kieswerke Dünkel, Schemmerhofen
- KTW Konstruktion Technik K. Weißhaupt GmbH, Friedrichshafen
- Lebenskunst Friedrichshafen
- Messe Friedrichshafen
- Photo Porst, Friedrichshafen
- Radio 7
- Ravensburger, Ravensburg
- Ravensburger Spieleland
- Reich Fenstervisionen, Ummendorf
- Sparkasse Bodensee
- Spassmacher Langenargen
- Stadtmarketing Friedrichshafen
- Schwäbische Zeitung, Friedrichshafen
- Schwäbischer Verlag Leutkirch
- VAUDE, Tettnang-Obereisenbach
- Versicherungen Walter Frey, Friedrichshafen
- Volksbank Friedrichshafen
- Wielath GmbH, Oberteuringen
- Württembergische Versicherung
- ZF

allen Musikkapellen, Bands
und Teilnehmern der Schiffsbrücke,
allen Medien,
allen, die zum Gelingen des Projekts beitragen
und beigetragen haben sowie

Dr. Bernd Haunfelder, Münster/W.

BILDVERZEICHNIS

Peer Andri
Seite 98 („Der Aktivdienst", Zofingen 1975, S. 15)

Gernot Apfelstedt
Seite 28 r., 32 l., 42 o., 51 o. + u.l., 53 o.

Susann Basler
Seite 19 l., 33 u.l., 36 u.r., 50 o.l. , 60 u.r., 70 u.l., 75 r., 76, 77 l., 84, 85, 88 l., 90 u.r.

Renate Bruggmann
Seite 89 l.o. + l.u.

Katy Cuko
Seite 13, 29 u., 33 u.m., 44 r.u., 51 r.u., 53 l.u. + r.u.

Achim Förster
Seite 12 r.

Gabriele Gerlach-Withalm
Seite 70 r.o.

Hans-Jürgen Götz
Seite 67 l.o. + l.u., 75 l., 77 r.

Albert Guldener
Seite 26 r.o.

Michael Häfner
Seite 46 l., 49r., 56, 57, 66, 67 l.m.

Andy Heinrich
Seite 19 r.o. + r.u., 20 l., 24 r.o., 26 r.u., 91 r.

Heinz Hilbert
Seite 105 l.u.

Marcel Hofmann (Helikopter-Service Triet AG)
Seite 74

Krister Hennige
Seite 70 l.o.

Felix Kästle
Seite 15, 17, 18 o., 20/21 m. , 24 r.u., 69, 72, 78, 93

Reinhard E. Kloser
Seite 11

Anja Köhler
Seite 12 l., 32 r., 33o. , 35, 37, 40, 41, 42 u., 43, 44 l.o. + l.u. + r.o. , 49 l.u., 52, 54 o., 55 l.u., 58 l.u. + r.u., 59, 60 o., 61 o., 63, 83, 86 r., 88 r.

Regina Kuehne, Keystone
Seite 58 o.

Achim Mende / Gerhard Plessing
Seite 54 u., 55 o., 61 u., 62, 64, 65, 73 TB, 81

Albert Merglen
Seite 104 r.

Hildegard Nagler
Seite 104 l., 105 l.o. + r.u.

Dieter Pfund
Seite 36 l.o.

Kurt Pfund
Seite 105 r.o.

Wilhelm Philipp
Seite 90 r.o.

Roland Rasemann
Seite 103 l.

Karl Redl
Seite 118-121

Eddy Risch, Keystone
Seite 67 r.

Dr. Gerd Schröder
Seite 45, 48, 49 l.o., 70 r.u.

Fritjof Schultz-Friese
Seite 16, 18 u., 22, 28 l., 47, 49 l.m., 89 r.u., 92

Schweizerisches Rotes Kreuz, Archiv, Bern
Seite 106, 111, 114

Stadtarchiv Friedrichshafen, Sammlung Hättig
Seite 100, 101, 102

Peter Strauß
Seite 25 r., 29 o., 36 r.o., 60 l.u., 86 l.o. + l.u., 89 r.o., 91 l.

Hannes Thalmann
Seite 21 r., 23, 25 l., 26 l., 27, 31, 33 r.u., 34, 36 l.u., 38, 39, 46 r., 68, 70 r.m., 71, 80, 87, 90 l.

Max Tobler
Seite 50 r.o. + r.u., 55 r.u., 79, 90 r.o.

Konrad Weiß
Seite 103 r.

WEITERFÜHRENDE LITERATUR UND ADRESSEN

Bernd Haunfelder

Kinderzüge in die Schweiz – Die Deutschlandhilfe des Schweizerischen Roten Kreuzes

Verlag Aschendorff
Münster 2007,
236 Seiten,
ISBN 978-3-402-12730-8

www.aschendorff.de/buch

Hildegard Nagler (Hrsg.)

Das Wunder einer Reise – Die Schweizer Kinder und ihre Fahrt ins Märchenland

Verlag Robert Gessler
Friedrichshafen 2003,
244 Seiten,
ISBN 3-86136-080-2

www.schweizer-kinder.de
www.buchhandlung-gessler.de

Anton Partl/Walter Pohl

Verschickt in die Schweiz – Kriegskinder entdecken eine bessere Welt

Böhlau Verlag
Wien 2005,
338 Seiten,
ISBN 3-205-77426-4

www.schweizerkinder.at
www.boehlau.at
www.boehlau.de

„Es heißt immer wieder, die Menschen bauten zu viele Mauern und zu wenig Brücken. Der heutige Tag beweist mit einem kräftigen Symbol das Gegenteil ... ‚Wir haben den Auftrag, die Welt als einen besseren Ort zurückzulassen', ermahnt uns Aga Khan ... Der heutige 20. Mai verpflichtet uns weit über den Tag hinaus."

Regierungsrat Claudius Graf-Schelling (CH) in seiner Festansprache in Romanshorn.

BEITRITTSERKLÄRUNG

Name

Vorname

Straße

PLZ, Ort

Geburtsdatum

Telefon

Fax

e-mail

Ich erkläre meinen Beitritt zum Verein „Schweizer Kinder e. V."

Als Eintrittsdatum gilt der

Unterschrift

Datum

EINZUGSERMÄCHTIGUNG

Kontoinhaber

Name der Bank

Konto-Nr.

Bankleitzahl

Ich gestatte dem Verein „Schweizer Kinder e. V.", den Jahresbeitrag von zurzeit 36,– EUR von meinem Konto abzubuchen. Die Vollmacht hat so lange Gültigkeit, bis ich sie dem Verein gegenüber schriftlich widerrufe.

Ort, Datum, Unterschrift des Antragstellers

Verein
Schweizer Kinder

Verein „Schweizer Kinder" e.V.
c/o Kurt Pfund
Karpfengasse 20
88400 Biberach

Neue Vereinsmitglieder und Ideen sind willkommen.
Informationen im Internet unter www.schweizer-kinder.de – Anfragen an info@schweizer-kinder.de
Spenden für **Kinder in Not**: Konto-Nr. 25 13 005, BLZ 651 901 10, Volksbank Friedrichshafen.